**기독교
사용 설명서
3**

교회직원

세움북스 는 기독교 가치관으로 교회와 성도를 건강하게 세우는 바른 책을 만들어 갑니다.

기독교 사용 설명서 3
교회직원

초판 1쇄 인쇄 2021년 12월 25일
초판 1쇄 발행 2021년 12월 30일

지은이 | 성희찬
펴낸이 | 강인구
펴낸곳 | 세움북스

등 록 | 제2014-000144호
주 소 | 서울시 서대문구 연희로 160 연희회관 3층 302호
전 화 | 02-3144-3500
팩 스 | 02-6008-5712
이메일 | cdgn@daum.net

교 정 | 김태윤
디자인 | 참디자인

ISBN 979-11-91715-23-1 (03230)
 SET 979-11-91715-20-0 (03230)

기독교
사용 설명서

3

교회직원

성희찬
지음

세움북스

목차

시리즈 서문

독일의 개혁자 마틴 루터가 비텐베르크 성곽교회 문에 면벌부를 반박하는 95개조 대자보를 내 붙인 지 500년을 훌쩍 지나 몇 년이 더 흘러가고 있습니다. 종교개혁은 제도적인 개혁, 도덕적인 개혁에 불과한 것이 아니었습니다. 종교개혁은 예배의 개혁이면서 동시에 교리와 삶의 총체적인 개혁이었습니다. 이 종교개혁이 거대한 로마교회체제와 성도들의 신앙생활을 흔들어 놓았습니다. 하나님을 참되게 예배하기 시작하면서 교인들은 두려움이 아니라 기쁨과 감사 가운데 살아가기 시작했습니다. 그 개혁의 불꽃이 교회만이 아니라 유럽 사회 전체를 새롭게 했습니다. 과연 우리 한국개신교회는 개혁의 그 아름다운 모습을 얼마나 누리고 있을까요?

종교개혁 500주년을 맞아 종교개혁이 교회의 몇몇 악습을 제거한 것이 아니라 총체적인 개혁이었음을 드러내기 위해 『종교개혁자들과의 대화』(SFC출판부) 12권 시리즈를 발간한 바 있습니다. 그 시리즈를 통해 종교개혁이 예배, 교회, 역사, 교육, 가정, 정치, 경제, 문화, 학문, 교리, 과학, 선교를 어떻게 변화시켰는지 살펴 보았습니다. 우리 청소년들이 어떤 영역에서 일하든 하나님의 사람으로 살아갈 수 있다는 것을 보여주려고 했습니다. 이 종교개혁 500주년의 후속 작업이 바로 본 시리즈 『기독교 사용 설명서』입니다. 본시리즈는 우리 기독교의 근본을 재확인하고, 다시금 개혁의 정신을 되살려 오직 하나님의 영광을 위해 살아가고자 하는 마음으로 기획했습니다.

본 시리즈에서는 기독교를 총 4부로 나누어서 설명합니다. 제1부는 종교개혁, 교회정치, 교회직분입니다. 우리는 종교개혁의 역사를 통해 교회정치와 직분이 어떻게 새로워졌는지를 잘 알아야 합니다. 제2부는 사도신경, 십계명, 주기도문입니다. 개혁자들은 교리문답을 만들었는데 그 교리문답들의 대부분은 이 세 가지를 해설하면서 기독교신앙의 요체를 드러내었습니다. 사도신경은 우리가 믿고 있는 삼위일체 하나님을 고백하는 것이고, 십계명과 주기도문은 우리가 어떻게 감사의 삶을 살아야 하는지를 잘 보여주고 있습니다. 제3부는 공예배, 교회예식, 교회력입니다. 교회는 예배를 위해 부름받았고, 각종 예식을 통해 풍성함을 누리고 교회력을 통해 이 세상에서 그리스도를 누리면서 새로운 시간을 살아갑니다. 마지막 제4부는 혼인, 가정예배, 신자의 생활입니다. 우리는 하나님이 처음부터 제정하신 제도인 혼인을 통해 언약가정을 이루고 가정에서 예배하면서 기독교인으로서 이 세상을 살아갑니다.

그동안 덮어놓고 믿었던 것이 교회의 쇠퇴와 신앙의 배도에까지 이르고 있습니다. 코로나시대에 함께 모여 예배하고 교제하는 것이 힘들어졌지만 기독교신앙에 대해 치열하게 학습할 수 있는 절호의 기회입니다. 우리가 무엇을 믿는지, 어떻게 살아야 하는지 근본에서부터 잘 학습해야 하겠습니다. 각 세 권씩으로 구성된 총 4부의 『기독교 사용 설명서』를 통해 우리 기독교와 교회의 자태를 확인하고 누릴 수 있기를 바랍니다. 12권 시리즈로 기획했기에 매월 한 권씩 함께 읽으면서 공부하고 토론하기에 좋을 것입니다. 기존 신자들 뿐만 아니라 자라나는 우리 청소년과 청년들이 이 시리즈를 통해 기독교의 요체를 확인하고 믿음의 사람들로 든든히 서서 교회를 잘 세우면서 이 세상에서 담대하게 살아갈 수 있기를 바랍니다. 교회를 세우기 위해 가르치면서 해당 주제를 잘 집필해 주신 집필자들의 수고에 감사를 드리고, 이 시리즈 기획을 흔쾌히 받아 출간하는 세움북스 강인구대표께 진심으로 감사를 드립니다.

2021년 11월
개혁교회건설연구소

들어가며

 한국장로교회가 채택한 「웨스트민스터 신앙고백서」 제30장은 교회직원에 대해 다음과 같이 신앙을 고백하고 있습니다. '주 예수님께서는 자기 교회의 임금이시오 머리로서 국가 공직자와는 구별하여 교회직원들의 손에 치리를 맡기셨다. 이 직원들에게 천국의 열쇠를 맡기셨는데, 그들은 이 열쇠로써 정죄하기도 하고 사죄할 수도 있으며…"(제1-2항).

 무엇보다 천국의 열쇠가 주어져 천국을 열기도 하고 닫기도 하는 거룩한 권한을 위임받은 교회직원, 이들은 때로는 역사에서 부패하기도 하고 또 회복되기도 하였습니다. 교회에서 바른 교훈이 보전되고 성례가 바르게 시행되고 권징이 신실하게 이루어지기 위해서는 무엇보다 교회직원이 바로 서야 합니다. 이는 지난 역사가 우리에게 분명히 주는 교훈입니다. 교회 흥망은 교회직원의 손에 달려 있다고 해도 과언이 아닙니다.

본서는 교회직원에 대해 생각할 중요한 항목을 하나씩 다루었습니다. 물론 필자의 선택에 따라서 모든 것을 다루지 못하였고, 더구나 직원들의 회라 할 수 있는 치리회는 전혀 다루지 못하였습니다.

글에서 자주 장로교회나 개혁교회의 문서가 언급되는 것은 그 주제에 대해 성경적 원리뿐 아니라 역사적으로도 검토와 분명한 근거가 필요하기 때문입니다. 장황하게 보일 수도 있으나 우리 신앙의 노선이 성경적으로뿐 아니라 역사적으로도 지지를 받고 있다는 확신에서 비롯되었습니다.

제1장은 우선 장로회 정치체제를 다루었습니다. 왜 장로교회인가, 장로회 명칭은 어디서 왔는가 등을 서술하였습니다. 그러면서 장로회 정치체제에서 교회직원에게 주신 권세에 대해 생각해보았습니다.

제2장은 항존직원과 이들의 선출과 임직에 대해 다루었습니다.

제3장은 교회직원 중에서 장로들의 회를 구성하는 목사와 장로를 다루었습니다. 또 목사후보생과 강도사를 포함하는 준직원도 다루었습니다.

제4장은 집사와 권사, 임시직원(전도사, 서리집사), 권찰을 다루었습니다.

기독교 사용 설명서 3 | 교회직원

제1장
장로회 정치형태와
직원에게 위임한 권한

제1장
장로회 정치형태와
직원에게 위임한 권한

교회가 국가처럼 특정한 정치형태(정치체제)를 가시적으로 가질 수 있을까요?

정치형태 혹은 정치체제(政治體制, forms of government)는 한 국가의 정치 시스템을 가리키는 명칭입니다. 주권자가 누구냐에 따라서 군주제와 공화제로 구분되고, 주권을 어떻게 행사하느냐에 따라서 민주제와 독재제로, 입헌제와 비입헌제(전제 정체)로 구분됩니다. 예컨대 대한민국은 공화제, 민주제, 입헌제를 채택하고 있습니다.

그런데 교회가 국가처럼 특정한 정치형태(정치체제)를 가시적으로 가질 수 있을까요? 그렇습니다. 교회는 신령한 '국가'이기 때문입니다. 그리고 오직 주 예수 그리스도가 이 신령한 국가의 유일한 왕이요 머리요 통치자로서 일정한 정치형태와 헌법 시스템을 명령하시어 오직 이것으로만 교회를 통치하게 하셨기 때문입니다(사 9:6, 골 1:18, 엡 1:22). 그리고 주 예수 그리스도는 국가공직자와는 구별하여 교회직원들의 손에 자기 교회의 '영적 통치'(치리)를 위임하시고 '권한'(power)을 행사하게 하셨습니다(『웨스트민스터 신앙고백서』 제30장 제1항).

그렇다면 교회를 통치하는 특정한 정치형태 혹은 헌법 시스템은 어디서 찾을 수 있을까요? 당연히 믿음과 생활의 유일한 법칙인 하나님의 말씀입니다. 비록 그리스도를 고백한 다양한 교회가 다양한 교회 정치형태, 교황 정치형태, 감독 정치형태, 회중 정치형태 등을 채택하지만 우리는 우리 교회가 채택한 장로회 정치형태가 하나님의 말씀에 가장 가깝다고 믿습니다.

장로회 정치형태 원리가 그리스도의 권위로 주신 것이고 그래서 모든 교회가 이를 채택해야 할 의무가 있다고 확신하지만 그렇다고 하여 장로회 정치형태의 모든 강령 하나

하나가 다 하나님의 말씀에서 분명하게 규정되고 있다고는 믿지 않으며, 더구나 그러한 교회의 규정들에 나타난 사소한 차이점 때문에 교회의 생명이나 교회의 특성이 파괴된다고는 보지 않습니다. 이것이 교회 정치형태에 대한 장로회 신자로서 우리의 바른 자세입니다. 그러나 로마가톨릭회와 감독 정치형태를 신봉하는 자들은 자신들의 특정한 정치형태는 하나님이 직접 주신 것일 뿐 아니라 또 이는 교회의 존립에 필연적이어서 이것 없이는 진정한 교회가 있을 수 없다고 주장을 합니다. 이로써 이들은 교회 정치형태의 조항을 성경 곁에 나란히 두고 성경과 동일시하므로 결국은 성경의 절대적인 권위를 훼손하는 어리석음을 저질렀습니다.

그런데 우리가 채택한 '장로회' 정치형태(즉 '대한예수교장로회'이란 말에서 보듯이)에서 '장로회'라는 말은 어디서 비롯되었을까요? 먼저 '장로회'라는 말 자체는 성경에서 직접 인용된 것임을 압시다. 여기서 '장로'는 가르치는 장로인 목사와 다스리는 장로를 가리킵니다. 디모데전서 4:14(네 속에 있는 은사 곧 '장로의 회'에서 안수 받을 때에 예언을 통하여 받은 것을 가볍게 여기지 말며)를 보면 '장로의 회'가 나옵니다. 따라서 우리는 사도 시대에 교회를 가리켜 '감독'교회, '로마 가톨릭' 교회 같은 말이 사용된 적이 없다는 것을 알 수 있습니다. 오히려 '장로의 회'라는 말은 성경에서 직접 인용되었습니다. 따라서 '감독'교회, '로마 가톨릭' 교회 같은 이런 용어들은 여러 시대에 그 이름이 지목하는 주제에 대해 다른 주장이 일어나면서 생기게 되었습니다. 오히려 사도 시대의 신자들은 '제자들', '그리스도인'이라 불렸습니다.

그렇다면 '장로회'라는 명칭은 어떤 배경에서 사용하여 교회에 적용되었을까요? 장로들에 의한 교회통치, 목사 사이의 동등성이라는 성경 원리가 왜곡되거나 부정될 때, 사람의 권위에 그 근거를 두고 있는 교회 정치형태와 교리에 반대하여 성경이 규정하는 교리와 교회 정치형태를 주장하는 우리 믿음의 선진들이 자신들에게 부치면서 오늘 우리도 이를 사용하게 되었습니다. 따라서 '장로회'라는 말은 성경이 규정하는 장로회라는 교회 정치형태뿐 아니라 바른 교리(바른 교훈)를 모두 함께 가리킵니다. 특히 장로회 정치형태(정치체제)에서 우리가 가장 기본적인 원리로 삼고 있는 것은 무엇보다 첫째, 예수 그리스도가 교회의 유일한 머리라는 고백이며, 둘째, 목사 사이의 동등, 직원 사이의 동등이며 셋째, 다스리는 장로의 역할과 중요성, 넷째, 회중에 의한 직원 선출, 다섯째, 단계별 교회 법정(church courts, 치리회)의 권위입니다.

교회직원은 교인에 대해서 특정한 '권한'(power)을 가지고 있습니까?

교회직원은 교인들에 대해 특정한 '권한'(power)을 가지고 있습니다. 만일 직원에게 직무만 주어지고 그 직무를 유지하기 위한 권한이 주어지지 않는다면 이는 정말 말이 되지 않을 것입니다. 히브리서 13:17에서 '너희를 인도하는 자들에게 순종하고 복종하라'고 하는 것처럼 분명하게 교회직원에게 권한이 주어졌기에 교인은 자기들을 인도하는 자들인 직원에게 순종해야 합니다.

그런데 교회직원이 가지고 있는 권한은 어디까지나 교회적인 권한으로서 하나님과의 관계에 대해서나 교회에 대한 관계에 대해서 사람들에게 영향을 끼치는 것이지, 일반 시민의 관심사에 대해 사람에게 미치는 어떤 것이 아닙니다. 이 점에서 그리스도가 국가 지도자에게 주신 권한과는 전혀 다른 성격의 권한입니다. 교회는 국가와는 다른 신령한 국가이기 때문입니다. 다시 말하면 교회직원에게 주어진 권한은 순전히 신령한 것으로 이에 순종하는 사람의 양심에 전달되는 것입니다. 첫째, 그 권한의 대상이 신령합니다. 즉 대상이 사람의 영혼과 양심이기 때문입니다. 둘째, 권한의 목적이 신령합니다. 그 권한은 사람을 가르치고 인도하고 구원하여 하나님의 영광을 위하기 때문입니다. 권한을 시행하는 헌법도 신령합니다. 그 헌법은 곧 그리스도의 말씀으로서 규정과 명령과 약속과 금지를 담고 있기 때문입니다. 권한의 시행이나 심지어 권한에 의한 제재도 신령합니다. 왜냐하면 교인을 받고 내보내는 것, 혹은 권징, 영적 권리를 박탈하는 것이기 때문입니다.

교회 정치원리 중에서 일곱 번째 원리인 '치리권'(church power, 교회의 권한)이 이 권한에 대해 잘 설명하고 있습니다. '치리권은 전 교회로서나 그 선정된 대표자로 행사함을 불문하고 하나님의 명령을 따라 전달하는 것뿐이다. …'(「교회정치」 제7조). 즉 교회직원이 자기에게 위임한 권한을 행사하는 것은 그리스도의 종이 되어 하나님의 명령을 따라 그리스도의 권한(치리권)을 전달하는 것에 불과합니다. 여기서 강조점은 '하나님의 명령을 따라'와 '전달하는 것뿐이다'에 있습니다. 따라서 교회직원이 만일 교인 위에 군림하려 한다면 이는 그리스도가 위임한 권한을 잘못 행사하는 것이고 남용하는 것입니다. 따라서 모든 교회적인 권한(이를 줄여서 흔히 '교권'이라 부른다)은 바로 이 점에서 그 한계를 가지고 있습니다. 즉 모든 교권(敎權)은 하나님의 말씀에 복종하고 하나님의 말씀으로 억제되어야 하기 때문입니다. 그래서 그리스도가 교회에 위임한 모든 교권은 바울 사도가 선언한 것처럼 '넘어뜨리기 위한 것이 아니라 세우기 위한' 것입니다(고후 13:10)

그런데 16세기에 살았던 에라스투스(Erastus), 의사요 저술가인 그는 교회직원의 직무는 오직 사람을 가르치고 설득시키는 것이므로 교회는 위에서 말한 그러한 권한이 없고 도리어 국가에 있다고 주장하였습니다. 즉 교인에 대한 권징이나 교인의 영적 특권을 박탈하는 권한은 정부와 국가에 있다고 보았습니다. 이러한 주장을 일컬어 에라스투스의 이름을 넣어서 '에라스투스주의'라고 부릅니다. 그러나 위에서 본 것처럼 이는 성경의 사상이 아닙니다. 마태복음 18장에서 예수 그리스도가 말씀하신 것처럼 교회의 어떤 교인이 범죄하여 계속 그 죄를 고집할 경우 마지막에는 교회 곧 치리회에 말하라고 했지 국가에 말하라고 하지 않았습니다

(마 18:17, 만일 그들의 말도 듣지 않거든 교회에 말하고 교회의 말도 듣지 않거든 이방인과 세리와 같이 여기라).

그렇다고 하여 장로회 신자는 교회의 권한으로 국가의 권한에 개입하는 것을 반대합니다. 오히려 장로회 신자는 교회는 국가에 독립해 있고 국가와 분리되어 있다고 주장합니다. 따라서 국가가 권한을 가지고 신령한 일을 감독하고 통제하면서 교회에 개입할 수 없듯이 교회도 일반 시민의 일을 두고 국가의 권위에 개입할 수 없습니다. 그래서 「웨스트민스터 신앙고백서」 제23장(국가공직자) 제3항은 '국가공직자들은 말씀과 성례의 집례나 천국의 열쇠권을 전유하거나 믿음의 사안에 조금이라도 개입해서는 안 된다.…'라고 하고 있고, 같은 고백서 제31장(대회와 공회의) 제4항은 "(교회) 대회나 공회의는 교회적 사안만을 다루어야 한다. 비상시국에 겸허한 청원이나 국가공직자의 요청을 받아들여 양심상 행하는 조언 외에는 국가와 연관된 시민적 사안에 개입하지 말아야 한다"고 고백하고 있습니다.

따라서 교회정치의 첫째 원리가 서술하는 대로 신자는 양심의 자유를 가지고 교회의 보호와 안전에 필요한 것 이상의 것, 동시에 모든 사람에게 보편적이고 공평한 것 이상의 것을 국가로부터 기대해서는 안 됩니다. 그렇다고 장로회 신자는 교회와 국가가 서로 타협하는 것을 바라서는 더욱 안 됩니다. 오히려 이러한 타협은 역사가 보여주는 것처럼 국가와 교회 모두에 치명적인 것으로 부패의 근원지로 배척되어야 마땅합니다.

교회가 그리스도께서 위임한 권한을 가지고 얼마나 하나님의 명령을 따라 그리스도의 권위를 전달하며 또 얼마나 교회의 유익과 또 교회를 세우기 위해서 이 권한을 잘 사용하고 있는지를 돌아봅시다.

교회직원에게 주신 신령한 권한의 종류에는 어떤 것이 있습니까?

앞에서 다음을 살펴보았습니다. '그리스도께서 교회직원에게 과연 특정한 권한을 주셨는가? 또 그렇다면 그 권한은 세상 지도자에게 주어진 권한과는 다른 성격의 것인가? 또 어디까지 이 권한을 행사할 수 있는가? 이 권한으로 국

---

* 이 내용은 조선예수교장로회 시기에 곽안련 선교사에 의해 둘째 원리로 옮겨졌으나 사실 본래 첫째 원리에 두어야 한다.

가 권한에 개입할 수 있는가? 또 시민적 사안에도 개입할 수 있는가?' 본 글은 한 걸음 나아가 그렇다면 교회직원에게 주신 권한, 신령한 권한의 종류를 살펴보려고 합니다. 국가의 권한과는 다른 교회의 권한은 그 내용에 따라서 세 가지로 구분할 수 있습니다. 이는 이미 종교개혁가 칼뱅이 『기독교 강요』 제4권(8-12장)에서 언급한 것으로 교리표준인 신조(바른 교훈)를 제정할 권한, 관리표준인 예배와 교회 질서를 제정할 권한, 재판할 권한입니다. 장로회 정치형태에 기틀을 세운 「스코틀랜드 제2권징서」(1578)는 칼뱅이 말한 앞의 두 가지를 합하여 질서의 권한(potestas ordinis, 마 16장), 재판의 권한(potestas jurisdictionis, 마태복음 18장)이라고 하였습니다. 그리고 「웨스트민스터 신앙고백서」 제30장, 제31장은 주 예수께서 교회직원들에게 말씀과 권징으로 천국을 열고 닫는 천국의 열쇠를 맡기셨다고 하며 이 권한의 내용과 종류를 자세히 설명하고 있습니다.

첫째는 성경에서 믿음의 조항인 '신조'(信條, 바른 교훈)를 확정하는 권한입니다. 이는 주로 목사와 교사들이 오직 하나님의 말씀을 순수하게 설교하고 성례를 바르게 시행하므로 이를 가르치고 해설할 권한입니다. 나아가 장로들의 회가 헌법에 나오는 대로 '교리표준'(「신앙고백서」, 「대교리문답」, 「소교리문답」)을 확정하는 권한입니다. 성경은 구원에 이르기 위해 알아야 할 모든 진리를 포함하고 성경만이 믿음과 생활의 유일하고도 절대적인 법칙이기 때문입니다. 이는 로마가톨릭회와는 확연히 다른 주장입니다. 이들은 성경 외에 다른 믿음의 법칙을 가지고 있기 때문입니다. 즉 전승 혹은 전통입니다. 이는 성경 외에 교회에 대대로 전해온 모든 교리를 가리키는 것으로 이들은 이것을 성경과 같은 권위를 가지고 있습고 믿습니다. 그러나 성경은 하나님의 말씀에서 더하거나 제하는 자에게 무서운 저주를 심판하고 있습니다(계 22:18-19, 갈 1:9).

그렇다면 주님께서 교회직원에게 왜 이러한 권한, 믿음의 조항과 바른 교훈을 제정하는 권한을 주셨을까요? 왜냐면 교회는 진리의 기둥과 터로서 하나님의 말씀을 순수하게 지켜야 하기 때문입니다(딤전 3:15). 교회는 성경을 강해하여 사람들이 바른 교훈과 믿음의 조항을 알고 믿고 순종하도록 해야 할 의무가 있기 때문입니다(말 2:7, 요 5:39, 행 17:11). 그래서 교회는 팽배한 이단과 오류에 반대하고, 믿음의 논쟁을 잘 판단하기 위해, 아이들과 사람들을 가르치기 위해,

목사후보생을 임직하기 위해, 설교자 사이에 하나됨을 위해 성경을 요약한 바른 교훈이요 믿음의 조항, 예를 들면 신앙고백서와 교리문답을 제정하였습니다. 물론 이러한 것이 성경을 요약한 것이지만 이 자체는 성경은 아니기에 성경과 같은 동등한 권위를 부여할 수 없고, 성경처럼 이것들이 오류가 없다고는 단정할 수 없습니다. 오직 성경만이 믿음과 생활의 유일한 법칙입니다. 이러한 신앙고백서와 교리문답은 「웨스트민스터 신앙고백서」 제31장 제4항에서 말한 것처럼 믿음과 생활의 보조수단으로 삼아야 합니다. 특별히 교회직원은 임직 시에 이러한 교리표준을 채택할 것을 서약해야 합니다.

둘째는 교회질서를 제정하는 권한입니다. 즉 헌법에 나오는 관리표준(예배지침과 교회정치, 권징조례)을 만드는 권한입니다. 그러나 이 말은 교회가 마치 입법부처럼 새로운 조항을 계속 입법하고 만들라는 뜻이 아닙니다. 성경에서 명령한 질서를 떠나 새로운 조항을 만드는 것은 그리스도의 권위를 강탈하는 것과 같습니다. 오히려 이 권한은 새로운 법률을 만들라고 주신 권한이라기보다는 그리스도가 이미 제정하신 법들을 잘 지키고 시행하도록 섬기는 권한이라 할 수 있습니다. 또 양심을 옭아매고 하나님의 법을 저버리는 사람의 법이 아니라, 품위와 화평을 세우는 질서(고서 14:40)를 세우는 것이 되어야 합니다. 하나님께 드리는 공예배를 비롯하여 교회의 공적 모임이나 교회 생활에서 질서를 세워 교회 성결과 화평을 이룰 책임이 교회에 있기에 주께서 교회직원에게 이러한 질서를 제정하는 권한을 주셨습니다.

셋째는 권징을 시행하고 혹은 재판할 권한입니다. 이러한 권한을 바르게 행사하도록 헌법 관리표준에 권징조례가 있습니다. 이 권한은 본래 장로들의 회에 주셨으나 교부 암브로시우스 이후부터 감독 개인이 이를 취함으로 점점 부패하게 되었습니다. 사실 이러한 권한은 모든 단체나 사회에서 공동의 평화와 일치를 위해 필요한 것입니다. 특별히 교회의 성결과 화평을 위해 교인을 심사하여 받고, 또 교인의 믿음과 생활을 감독하고 나아가 합당하지 않다고 드러난 자를 권징하고 교회에서 내보내는 권한(딛 2:15, 고전 5:12, 히 13:17), 행정 오류에 대한 불평을 접수하여 권위 있게 재판하는 권한은 교회직원에게 주어졌습니다(마 18:17, 계 2:14, 마 16:19). 이런 권징은 과오를 범한 형제를 교정하기 얻기 위함이며, 다른 이들이 같은 과오를 범하지 않도록 방지하며, 하나님의 진노를 막기 위해서입니다. 이 목적을 위해 교회직원들은 범죄의 성격과 죄인의 과실을 고려하여 권계, 일시적인 수찬 정지, 출교 조치 등을 취할 수가 있습니다(「웨스트민스터 신앙고백서」 제30장 제4항). 오늘날 교회직원의 회의체인 치리회가 이 권한을 얼마나 신중하게 올바르게 사용하고 있습니까? 이 권한 외에 다른 권한으로 교인 위에 군림하고 있는지 돌아봅시다.

교회직원이 권한을 가지고 내린 결정에 대해 교인은 어떤 바른 자세를 가져야 할까요?

교회직원이 가진 권한의 종류를 세 가지로 살펴보았습니다. 즉 믿음의 조항을 제정할 권한, 예배와 교회 생활의 질서를 제정할 권한, 교인을 재판할 권한입니다. 이를 다시 두 가지로 구분하면 교회의 교리표준(「웨스트민스터 신앙고백서」, 「대교리문답」, 「소교리문답」)과 관리표준(예배지침, 교회정치, 권징조례)을 제정하는 권한입니다. 지금 우리 교회가 가지고 있는 이 두 가지 표준은 모두 교회의 머리이신 그리스도께서 주신 권한으로 교회가 제정한 것입니다.

이제 교회직원이 이 세 가지 영역에서 권한을 행사하여

내린 결정에 대해 교인으로서 어떤 자세를 가져야 하는지를 살펴봅시다.

첫째, 성경과 일치하는 결정은 당연히 구속력이 있으며 교인은 일차적으로 여기에 순종해야 합니다. 그러나 이것이 전부가 아닙니다. 우리 신앙고백서는 그 결정이 단순히 성경에 일치하기 때문만이 아니라 그것들을 결정한 '권한'(권세) 연고로도 하나님의 규례 곧 말씀으로 그렇게 정한 규례로 받아들여야 하며, 존경과 복종의 자세로 받아들여야 한다(「웨스트민스터 신앙고백서」 제31장 제2항)고 했습니다. 교회직원의 공적 결정에 순종하는 것은 곧 교회직원에게 주신 권한이 주께서 주신 것으로 인정하는 것이기 때문입니다. 따라서 교회직원의 결정에 순종하는 것은 법과 형식 이상의 문제 너머 사랑으로 역사하는 믿음의 문제라고 할 수 있습니다.

둘째, 여기서 교회직원들에게 주신 권위의 성격을 다시 확인합시다. 이들에게 권한을 주신 이는 교회의 왕이요 머리이신 그리스도이십니다. 교인이 교회직원이 내린 결정에 존경과 복종의 자세로 받는 것은 무엇보다 바로 이런 이유 때문입니다. 교회직원 너머에 그들에게 권한을 주신 그리스도와 그분의 말씀 때문입니다. 그러나 장로회와 일부 다른 교파는 교회직원의 공적이 결정을 구속력이 있는 것으로 받아들이지 않습니다. 특히 회중교회는 구속력이 있는 결정이 아니라 조언에 지나지 않는다고 생각을 합니다.

셋째, 그런데 교회직원의 공적 결정이 성경과 어긋나고 명백한 성경의 증거가 없이 맹목적인 믿음과 순종을 요구할 때 어떻게 할까요? 어떤 교인도 자기 양심에 반해서 그러한 결정을 강요받을 수 없고 또 그러한 결정을 내린 교회의 권위에 굴복할 수 없습니다. 이는 하나님께서 주신 양심의 자유를 파괴하는 것이기 때문입니다. 물론 이 양심은 하나님의 말씀을 무시하고 위반하는 양심의 자유가 아닙니다. 교회 「정치원리」 제1조는 양심의 자유에 대해 다음과 같이 선언하고 있습니다. '양심을 주재하시는 이는 하나님뿐이시다. 그가 신앙과 예배에 대하여 그 말씀에 위반되거나 탈선되는 사람의 명령이나 교리를 받지 않게 양심의 자유를 주셨다. 그러므로 누구든지 종교에 관계되는 각 항 사건에 대하여 속박을 받지 않고, 각자 양심대로 판단할 권리가 있으므로 이 권리를 침해하지 못한다.' 따라서 교회직원이 내린 그릇된 결정이 있을 때 교인은 누구나 양심의 자유에 근거하여 교회의 성결과 화평을 위해 순차를 따라 상회에 상소할 수 있습니다. 즉 총회 결정에 오류가 있다고 판단되면 당회와 노회를 경유 하여 이의를 제기할 수 있습니다. 이는 교인으로서 가지는 권한이며, 이 권리는 이신칭의 복음에 근거하여 그리스도의 은혜로 신자라면 누구나 받은 귀한 권한입니다. 그리스도의 피로 값을 주고 사서 선사해 주신 권한이기 때문입니다.

넷째, 사실 역사를 보면 교회직원의 결정이 항상 옳지 않았습니다. 따라서 교회직원의 결정은 맹목적인 순종이 아니라 비판적으로 순종해야 합니다. 모든 대회나 공의회는 사도 시대 이후부터 총회이든 지방회이든 간에 오류를 범할 수 있었고 많은 회의가 실로 오류를 범하였습니다. 그러므로 회의를 믿음과 생활의 법칙으로 삼지 말고 보조수단으로 사용해야 합니다(「웨스트민스터 신앙고백서」 제31장 제3항). 타락한 교회직원의 결정은 죄인이 아니라 의인을 벌하거나 진리를 매장합니다. 이런 치리회는 역사에서 많이 있었습니다. 이 점에서 당회나 노회, 총회를 가리켜 성(聖) 노회, 성(聖) 총회라고 부르는 것은 삼가야 합니다. 그러나 로마가톨릭회는 그들의 교회관을 따라서 그렇게 합니다. 교회직원

(교황이나 감독)이 신앙과 도덕의 영역에서 내린 결정은 결코 오류가 없다고 보기 때문입니다. 이제 우리 스스로 물어봅시다. 오늘 우리는 교회직원들이 공적 내린 결정에 대해 얼마나 바른 자세를 가지고 대하고 있습니까?

Q. 왜 굳이 장로교회인지를 서로 말해 봅시다.

Q. 교회직원에게 왜 특정한 권한을 주었는지를 이야기하고, 특별히
이와 관련하여 교회와 국가의 관계에 대해 서로 토론해 봅시다.

Q. 교회직원에게 주신 신령한 권한을 지금 우리가 얼마나 잘 시행
하고 있는지를 이야기해 봅시다.

Q. 당회나, 노회, 총회의 결정에 대해 어떤 자세를 가지는 것이 바
를까요?

제2장
교회직원

제2장
교회직원

교회직원을 크게 어떻게 나눌 수 있습니까?

우리 교회정치는 교회직원을 창설직원과 항존직원으로 크게 나눕니다. 준(準)직원은 목사후보생과 강도사를 가리키는데 이들은 항존직원이 되기까지 준비하는 자들이기에 항존직원 범위 내에 포함할 수 있습니다. 임시직원(서리 집사, 전도사)도 마찬가지입니다. 이들은 항존직원을 임시로 돕는 자들이기에 이들 역시 항존직원 범위 내에 묶을 수 있습니다. 준항존직원인 권사 역시 그 직무를 보면 항존직원을 돕는 일이기에 이들도 항존직원의 범주 안에서 이해할 수 있습니다. 결국 우리 교회정치는 교회직원을 창설직원과 항존직원으로 구분하고 있습니다. 그리고 창설직원으로는 사도를 지목하고 있습니다. 그런데 신약성경을 보면 사도 외에 복음 전하는 자와 선지자라는 직원이 나옵니다(엡 4:11). 그렇다면 복음 전하는 자와 선지자는 어디에 속할까요? 창설직원입니까? 혹은 항존직원입니까?

그런데 「웨스트민스터 교회정치」(1645)는 교회직원을 '특별한'(extraordinary) 직원과 '통상적인'(ordinary) 직원으로 구분하고 있습니다. "그리스도께서 그의 교회를 세우고 성도를 온전하도록 만들기 위해 임명하신 직원 중에서, 사도와 복음 전하는 자와 선지자들과 같은 특수한 직원은 이제 그쳤다. 다른 직원은 통상적이고 '영구한'(permanent) 것인데 목사와 교사와 교회의 다른 치리자(장로)와 집사이다."

따라서 우리는 창설직원 곧 특수한 직원에는 사도 외에 선지자, 복음 전하는 자가 포함되는 것을 알 수 있습니다. 그런데 이들이 왜 창설직원, 혹은 특별한 직원으로 불리는 것일까요? 사도와 복음 전하는 자, 선지자는 주 예수로부터 모두 초자연적인 능력과 특별한 권위를 부여받아서 최초로 교회를 창설하고 한 몸이 되는 사역을 했기 때문입니다. 교회가 세상에 최초로 세워지는 시기는 특수한 시기였기에 기

기독교 사용 설명서 3 교회직원

독교가 참 종교임을 증거 하기 위해 특별한 이적이 요구되었고 모든 진리를 계시하고 그리스도의 뜻을 권위 있게 알리기 위해서는 이들에게 특별한 성령의 감동이 필요하였습니다. 그리고 교회의 교리표준과 관리표준을 세운 이후 이들은 통상적이며 영구한 직원인 '항존직원'에게 그 모든 사역을 위임하였습니다. 예를 들어 바울은 사도였지만 다시 사도를 세우지 않고 디도와 디모데를 목사로 세워서 사역을 위임하였습니다(딛 1:5, 딤후 2:2). 또 바울은 각 성에 다니면서 사도가 아니라 장로를 교회에 세웠습니다(행 14:23). 사도와 복음 전하는 자, 선지자는 대체 누구이기에 교회가 최초로 창설되는 특별한 시기에만 특별한 직원으로 사역을 하고 이후에는 이 직원이 세워지지 않은 것일까요? 사도는 직접 주님을 본 자로서 그리스도가 직접 임명한 자이며 직권적 이적을 행할 능력을 행하며 모든 교회에 대한 권위를 가졌습니다. 복음 전하는 자(역시 교회가 아직 어린 상태에 있을 때 사도들의 지도 아래 여러 지역을 여행하면서 그리스도와 사도들이 명령한 시스템을 따라 직원을 세우고 또 회중을 세웠습니다. 선지자는 구약의 선지자를 가리키지 않고 신약교회에서 활동한 특별한 직원인데 이들은 성령의 특별한 인도를 받아 성경을 설명하고 바른 교훈을 가르치며 교회에서 공적으로 설교하며 장래 일을 말한 자였습니다 (고전 14:1, 3-4, 엡 2:20). 물론 특수한 직원에 속한 이들은 항상 특수한 사역만 한 것은 아니었고, 교회의 통상적인 사역도 하였습니다. 비록 그들의 특수한 기능과 직무는 이제 지금은 계승되지 않았지만 이들이 행한 통상적인 사역(행 2:4)은 특별히 사도와 선지자들이 전한 바른 교훈을 지키기 위해 부름을 받은 복음의 사역자를 통해 계승되고 있다고 말할 수 있습니다.

교회에 통상적으로 항존하는(ordinary and perpetual) 직원에는 어떤 것이 있습니까?

특별한 시기에 최초로 교회를 창설하는 특별한 일에 부름을 받아 활동하다가 이제는 계승되지 않는 '특별한'(extraordinary) 직원 혹은 창설직원에는 사도를 비롯하여 복음 전하는 자와 선지자가 있었습니다. 이들은 이제 교회에서 이루어지는 통상적이고 영원한 사역을 '통상적이고 항존하는(영원한)'(ordinary and perpetual) 직원에게 위임하였습니다.

그렇다면 통상적이고 항존 하는 직원에는 어떤 것이 있

습니까? 즉 가르치는 장로인 목사와 다스리는 장로와 집사입니다(빌 1:1, 행 20:17). 우리는 이러한 항존직원을 교회를 봉사하는 주일학교 교사나 성가대원과 엄격하게 구별합니다. 왜 이들 특정 직원을 항존직원이라 부르는 것일까요? 이들이 하는 그 일(직무)의 성격이 통상적이고(ordinary) 항존하는(perpetual, 영원한) 것이기 때문입니다. 교회의 머리이신 주 예수께서 직원을 세워 통상적이고 영원히 행하게 하신 직무는 즉 복음의 전파, 성례의 거행, 권징의 시행입니다. 이 직무는 주 예수 그리스도의 교회가 있는 곳이라면 통상적으로 또 영원히 항상 있어야 할 직무입니다(교회「정치원리」제3조). 그래서 장로회의 기틀을 세운「스코틀랜드 장로교회 제2권징서」(1578)를 보면 목사, 장로, 집사 이 세 직분은 교회에 통상적으로 그리고 영원히 있어야 할 세 가지 직무 혹은 기능에서 나왔다고 고백하고 있습니다"(「스코틀랜드 제2권징서」2:2-3).「네덜란드 신앙고백서」제30조(1561)과 개혁교회의 교회정치에 기틀을 세운「도르트 교회정치」제2조(1619) 역시 세 직분을 고백하고 있습니다. 이미 본 것처럼「웨스트민스터 교회정치」(1645)에서도 이를 고백하였습니다.

"그리스도께서 그의 교회를 세우고 성도를 온전하도록 만들기 위해 임명하신 직원 중에서, 사도와 복음 전하는 자와 선지자와 같은 '특수한'(extraordinary) 직원은 이제 그쳤다. 다른 직원은 통상적이고(ordinary) 영구한(perpetual) 것인데 목사와 교사와 교회의 다른 치리자(장로)와 집사이다."

이 같이 성경은 교회직원을 체계적으로 설명하지 않습니다. 신약성경은 교회 안에 다양한 은사와 봉사 및 기능이 있다는 것을 보여주고 있습니다. 이는 교회를 풍성하게 하시는 성령이 일하신 결과라 할 수 있습니다. 그리스도는 법적으로 몇몇 직원을 일시에 세우셔서 교회에 주시지 않고 교회 생활에서 필요를 따라 봉사하는 과정에서 직원들이 생기게 하셨습니다. 따라서 이는 우리가 아는 이 세 가지 직원의 모습이 신약성경 속에서 단순하게 발견될 수 없는 이유가 됩니다. 신약교회가 형성되기까지 과정과 역사가 있었습니다. 그 동안에 성령께서 그리스도의 교회를 세우기 위해 통상적이고 영원히 필요한 봉사의 직원을 세우셨는데 이것이 바로 항존직원입니다. 따라서 이 직원 사이에는 높음과 낮음의 우열이 없습니다. 각기 통상적이며 영원한 일을 위해 주께서 주신 직원이기 때문입니다. 따라서 교직제도 (hierarchy, 교권주의)는 개혁주의 전통과 부합되지 않습니다.

「도르트 교회정치」(1619)가 교회직원에게 주는 교훈은 어떤 것입니까?

지난 2019년은 종교개혁 500년을 맞은 2017년에 이어 또 하나의 중요한 해였습니다. 왜냐하면 개신교회 중요한 교리를 담은 소위 칼뱅주의 5대교리로 불리는 도르트신경[*]이 작성된 지 400년을 맞았기 때문입니다. 도르트신경은 「네덜란드 신앙고백서」(Belgic Confession, 1561), 「하이델베르크 교리문답」(1563)과 함께 개혁교회 3대 신경에 속합니다. 그런데 도르트신경이 작성된 도르트 총회(1618년 11월 13일–1619년 5월 29일까지 네덜란드 도르트렉흐트(Dordtrecht) 시(市)에서 열린 총회)는 개혁교회 교회정치에 근간이 되는 도르트 교회정치도 작성하였습니다.

종교개혁가들은 일찍이 중세교회와 단절하고 새 기초 위

---

[*] 무조건적 선택(Unconditional Election), 제한 속죄(Limited Atonement), 전적 부패(Total Depravity), 불가항력적 은혜(Irresistible Grace), 성도의 견인(Perseverance of Saints).

에 교회를 세울 때 신앙고백서, 교리문답과 함께 언제나 교회질서 혹은 교회정치를 작성하였습니다. 칼뱅과 제네바교회가 그러하였고(「제네바교회정치」, 1541/1561) 스코틀랜드교회(「스코틀랜드제1/2권징서」, 1560/1578), 프랑스교회(「프랑스교회권징서」, 1559), 또 스코틀랜드교회와 잉글랜드교회, 아일랜드교회는 엄숙한 동맹과 언약을 통해 소집된 웨스트민스터총회(1643-1647)에서 신앙고백서, 교리문답, 예배지침과 함께 「교회정치」(1645)를 작성하였습니다. 개혁가들은 교회를 개혁하고 건설할 때 신앙고백서, 교리문답과 함께 교회질서(교회정치)를 함께 염두에 두었습니다.

「도르트 교회정치」는 모두 86개 조항에 불과합니다. 제1조는 교회질서의 목적과 내용을, 제2조에서 28조까지는 직분을, 29조에서 52조까지는 치리회를, 53조에서 70조까지는 교리와 예배의 감독을, 제71조에서 86조까지는 권징을 다루었습니다. 여기서는 「도르트 교회정치」의 특징을 간략하게 소개하며 우리에게 주는 교훈을 찾고자 합니다.

첫째, 도르트 교회질서의 각 조항은 신앙고백서와 별개가 아니라 밀접하게 연결되어 제정되었습니다. 즉 86조항 중에서 어느 한 조항도 「네덜란드신앙고백서」, 「하이델베르

크교리문답」, 「도르트신경」과 연결되지 않는 조항이 없다는 점입니다.

둘째, 하나의 교회정치를 작성하기 위해 분투한 그들의 믿음에서 본받을 점이 있습니다. 그들이 동일한 「교회정치」, 교회질서를 가지려고 한 것은 오로지 이를 통해 하나의 공교회, 하나의 그리스도의 몸을 고백하며 교회들 사이에 진정한 연합을 추구하고 동일한 교회생활을 하려는 것에 있었습니다. 이는 오늘날 개교회주의에 빠져 있고, 또 「교회정치」 조항들과 총회 결정을 예사로 경시하는 우리 교회가 직면한 현실을 근본적으로 성찰하게 합니다.

셋째, 「도르트 교회정치」는 온갖 형태의 교권주의를 경계하였습니다. 그래서 한 교회가 다른 교회 위에 군림하는 것뿐 아니라, 한 목사가 다른 목사 위에 군림하고 한 장로가 다른 장로 위에 군림하는 것을 경고하였습니다(84조). 또 17조는 직분의 동등성을 고백하였습니다. 그래서 시찰회나 치리회에서 의장의 직무를 차례대로 할 뿐 아니라 연임을 못하게 하였습니다. 또 그 모임이 마치면 그 의장의 직무도 함께 마치게 하였습니다. 목사의 독주는 물론 당회의 독주도 경계하였고, 특정한 한 사람이 교회에 영향을 미치는 것을 대단히 우려하였습니다. 그런데 우리 현실을 보면 교권주의가 여러 형태로 교묘하게 교회 안에 깊숙이 들어와 있습니다. 당회장, 노회장, 총회장은 각각 당회, 노회, 총회의 의장 그 이상도 그 이하도 아님에도 어느새 그 치리회를 대표하는 자가 되어 버렸고, 치리회가 마친 뒤에도 그 지위를 이용하여 군림하는 막강한 권한을 가진 사람으로 바뀌었습니다. 비록 우리가 교황이라는 말을 쓰지 않더라도 실제로는 한 사람에게 권력이 지나치게 몰려 있다면 이미 우리는 감독(교황) 정치체제 아래 있다고 해도 과언이 아닙니다.

넷째, 「도르트 교회정치」는 어떤 모습의 교권주의가 교회에 침투해 오는 것을 경계하기 위해 장로와 집사의 시무를 종신으로 하지 않고 임기제로 하였습니다(제27조). 장로와 집사의 직무는 목사의 직무와 다른 것이기에 이와 다른 기준을 정하였습니다. 이는 이미 개혁가 칼뱅이 제네바에서 도입한 것인데 칼뱅은 이를 통해 무엇보다 온갖 독재가 교회 안에 들어오지 못하게 하고 교권주의를 예방하며 회중의 영향을 더 크게 하려고 하였고 가능하면 교회 안에서 다양한 은사와 재능들이 나타나기를 바랐습니다. 그래서 제27조는 장로와 집사의 임기를 2년으로 하고 매년 1/2의 수를 교체하였습니다. 오늘날 장로의 시무를 만 70세까지 보장하므로 교회에 미치는 유익도 적지 않지만, 그에 못지않게 폐해도 상당히 큽니다. 칼뱅이 우려한 대로 장로의 군림과 독재가 곳곳에서 보이고, 많은 교회에서 회중의 영향력은 거의 없다고 해도 과언이 아니며, 교회 안에서 다양한 은사를 가진 사람들이 활동하지 못하는 경우를 종종 보게 됩니다.

직원은 왜 임명이나 내적 소명을 확신한 자가 아니라 공동의회에서 선출을 하는 것일까요?

교회직원, 예를 들면 장로와 집사를 왜 담임목사나 당회가 임명하지 않고 또 주로부터 내적 소명을 입었다고 확신하는 사람을 세우지 않고 굳이 공동의회에서 모든 회중의 선거를 통해 선출하는 것일까요? 또 목사(담임목사)를 왜 노회장이나 총회장의 임명이 아니라 공동의회에서 교인들이 투표를 하는 것일까요? 민주주의 방식이기 때문에 그런 것일까요?

첫째는 누구도 직원에 합당한 소명을 받지 않고서는 그 직분을 수행할 수 없기 때문입니다.

"이 존귀는 아무도 스스로 취하지 못하고 오직 아론과 같이

하나님의 부르심을 받은 자라야 할 것이니라"(히 5:4)

이에 대해 장로회 정치의 기초를 놓은 스코틀랜드장로
교회의 중요한 문서「스코틀랜드 제2권징서」는 다음과 같이
선언합니다.

"소명 혹은 부르심은 교회에서 직원을 가지는 모든 사람에게

공통적인 것이며, 하나님의 교회에서 자격을 가진 사람이 신

령한 직원을 위해 가져야 할 합법적인 방법이다. 이러한 합법

적인 소명이 없이는 어느 누구도 어떠한 교회적인 기능과 직

원에 결코 관여할 수 없다"(제3장 제1항, 제2항)

당사자가 내적으로 주로부터 직접 소명을 입었다고 해도
이것으로는 충분하지 않습니다. 개혁가 칼뱅도 자기 저서
에서 말하였습니다.

"어떤 사람이 교회의 참된 사역자로 여겨질 때에는 먼저 정

당하게 소명을 받은 상태여야 하며(히브리서 5:4), 그 다음

에 그의 소명에 응답하여야 한다. 즉 주어진 임무를 수행하여야 한다는 뜻이다. 우리는 바울에게서 이 점을 자주 볼 수 있다. 그는 자기의 사도직을 밝힐 때에 거의 언제나 자기의 소명을 말하며 또한 그와 더불어 그가 자기의 직분을 신실하게 수행하였음을 밝히는 것이다(롬 1:1; 고전 1:1). 그렇게 그리스도의 위대한 사역자인 바울도 감히 스스로 교회 안에서 자기의 권위를 주장하지 않는다면, 또한 권위를 주장할 때에도 오직 주의 명령으로 자기가 그 직분을 받았으며, 또한 자기에게 맡겨진 사명을 신실하게 수행하고 있다는 근거 위에서만 그렇게 한다면, 그런 것도 없는 죽을 인생이 자기 마음대로 이런 존귀한 권위를 주장한다면 얼마나 파렴치한 것이겠는가?"(『기독교 강요』 4:3:10)

「네덜란드 신앙고백서」(1561)도 고백하였습니다.

"우리는 하나님 말씀의 사역자와 장로, 집사는 교회를 통한 합법적인 방법으로 즉 하나님의 이름을 부르면서, 하나님의 말씀이 가르치는 대로 적절한 절차를 따라 선출되어야 할 것을 믿는다. 그래서 허용되지 않은 방법으로 취임하는 것을 적절하게 감시해야 하며, 또 자기의 부름이 하나님으로부터 온다는 설득력 있는 증거를 얻기 위해서 하나님으로부터 부름받는 때를 기다려야 한다.…"(제31조 교회의 직분들)

또 다음을 보십시오.

"한편 사람이 교회의 사역이 지닌 영광을 빼앗아서는 안 된다. 즉 뇌물이나 악한 수단이나 자기 자신이 좋을 대로의 욕심을 부려서 그 영광을 자기의 것으로 만들어서는 안 된다. 그러므로 교회의 사역자들은 합법적이고 전 교회적인 선출과 소명에 따라서 부르심과 택하심을 받도록 하자. 다시 말해서 교회에 의해 경건하게 그리고 적절한 절차를 밟아서 소란이나 폭동이나 불평이 없이 택함을 받도록 하자.…"(「제2스위스 신앙고백서」제18장 교회의 사역자와 제도와 직분에 관하여)

둘째, 그렇다면 그리스도가 어떤 특정한 사람을 교회직원으로 부르시는 것을 알 수 있을까요? 세 가지로 크게 생각할 수 있습니다. 먼저 회중에 의한 적법한 선출과 청빙입니다. 그리고 치리회가 주관하여 시행하는 시험(시취)을 통과하는 것입니다. 마지막은 임직 시 진실한 서약과 합당한 안수를 하는 것입니다. 이 세 가지 과정을 통해 우리는 하나님의 부르심을 공적으로 인정하며 확인할 수 있습니다.

이 중에서도 가장 중요한 것은 바로 회중의 적법한 선출입니다. 누가는 바울과 바나바의 주관으로 각 교회가 장로들을 거수로 선출하였다고 증거하고 있습니다. '각 교회에서 장로들을 거수로 택하여'(행 14:23). 개역 개정 성경은 '각 교회에서 장로들을 택하여'로 번역하고 있으나 여기 '택하여'로 번역된 헬라어 '케이로토네오'는 '거수로 선출하다'의 뜻으로 사용되었습니다. 레위인, 제사장들도 여호와의 명령을 따라 이런 절차를 따랐습니다. 제사장으로 위임되기 전에 그 당사자들이 회중 앞에 나갔던 것입니다(레 8:4-6; 민 20:26-27). 이와 마찬가지 방식으로 맛디아도 일곱 집사도 같은 방식, 즉 사람들이 보고 인정하는 방식을 통해 부르심을 입었습니다(행 1:15 이하; 6:2-7). 따라서 주께서 특정한 사람을 교회직원으로 부르시는 과정에서 회중의 적법한 선출을 사용하시므로, 교인은 이에 참여하여 주님의 부르심에 쓰임을 받습니다. 사실 이것은 또한 교인의 권리이기도 합니다. 교인이 회중의 적법한 선출에 참여하여 주님의 부르심을 받는다면 어떤 식으로든 선거 운동을 통해 인위적으로 개입을 해서는 안 될 것입니다.

교회직원을 세울 때 임직식을 꼭 해야 할까요?

특정한 사람을 주님께서 교회직원으로 부르시는 것을 우리가 객관적으로 보고 인정할 수 있는 기준은 첫째는 회중에 의한 합법적인 선출이고, 둘째는 어떤 의식을 통해 임직하는가에 있습니다. 그래서 「스코틀랜드 제2권징서」(1578)는 다음과 같이 선언하였습니다. '이러한 통상적이면서 외적인 소명은 두 부분으로 이루어진다: 선출과 임직'(스코틀랜드 제2권징서 제3장 제6항). 또 칼뱅도 자기 책에서 하나님의 외적 부르심을 알 수 있는 기준 가운데 하나로 '어떤 의식을 통해서 그들을 세우느냐 하는 것'(『기독교 강요』 4:3:11)을 꼽았습니다. 그래서 직원의 임직 혹은 장립(將立)은 교회 항존 직무를 맡기 위해 회중이 적법하게 선출한 특정한 사람을 구별하여 그리스도와 회중 앞에서 엄숙하게 세우는 것을 가리킵니다(행 6:6, 13:3). 그래서 임직은 교회직원의 소명을 이루는 과정입니다. 바로 이 임직에서 중요한 순서 중 하나는 서약이고, 둘째는 안수이며, 셋째는 악수례입니다.

첫째, 진실한 서약입니다. 이 서약은 다른 말로 하면 자기를 교회직원으로 부르시는 예수 그리스도와 엄숙하게 맹세하며 언약을 맺는 것이라 할 수 있습니다. 그런데 이 서약은 예배의 요소 중 하나입니다. 「웨스트민스터 신앙고백서」제21장(종교적 예배와 안식일)에서 예배의 한 요소로 규정하고 있습니다, 제22장(합법적인 서약과 서원)은 아예 한 장에 걸쳐서 설명하고 있습니다. 따라서 직원이 하나님과 회중 앞에서 엄숙하게 맹세하며 서약하는 것은 예배 행위라는 것을 잊어서는 안 됩니다. 이 점에서 어떤 날보다도 주일 공예배에서 임직하는 것은 큰 의미가 있습니다. 이들이 제일 먼저 서약하는 것은 성경을 신앙과 행위에 대하여 정확무오한 유일한 법칙(「신앙고백서」 1장 2절, 「대교리문답」 3문답, 「소교리문답」 2문답)으로 서약하는 것입니다. 이 서약이 첫째 언급되는 것은 성경을 대하는 자세가 어떤 직무 봉사보다 앞서기 때문입니다. 둘째는 장로회의 표준인 교리표준(「신앙고백서」, 「대교리문답」, 「소교리문답」)과 관리표준(예배지침, 교회정치, 권징조례)을 정당한 것으로 승인하는 서약입니다. 셋째는 각 직원의 고유한 직무를 힘써 행하겠다는 서약입니다. 넷째는 교회의 화평과 연합과 성결을 위하여 진력하겠다는 서약입니다. 임직에서 이 엄숙한 맹세의 서약보다 안수나 혹은 다른 축하 순서에 마음이 빼앗겨서는 안 될 것입니다.

둘째, 안수입니다. 본래 장로회 전통은 목사만 안수하였습니다. 개혁가 칼뱅은 성경에서 비록 장로와 집사 역시 안수로 세워졌다고 확신하였으나(『기독교 강요』 4:3:16; 4:3:1 정작 실행에 옮기지는 못하였습니다. 종교개혁 직후 프랑스, 스코틀랜드, 네덜란드 교회에서, 그리고 「웨스트민스터 교회정치」(1645)도 장로와 집사의 안수를 말하지 않았습니다. 그러다가 19세기 미국에서 남장로교회를 시작으로 정통장로교회(OPC), 미국장로교회(PCUSA)도 장로와 집사도 안수를 하고 있습니다. 목사 장로 집사 세 직분의 동등을 생각한다면 모두 안수로 임직하는 것이 마땅합니다(행 6:1-6, 행 13:3, 딤전 4:14). 더구나 안수가 비록 성례는 아니라 하나님께서 항존 직무로 부르시는 것을 공적으로 확증하는 상징적인 행위라면 더욱 그러합니다. 그러나 사실 개신교회에서 안수는 초창기에는 교회의 자유에 속한 사항이었습니다만 시간이 흐르면서 서서히 규정으로 자리잡게 되었습니다. 특별히 종교개혁가들이 초창기에 임직에서 안수를 주저하였는데 이는 로마가톨릭의 미신 때문으로 즉 그들은 안수와 동시에 직분의 은사가 함께 임한다고 생각하였기 때문입니다. 로마가톨릭은 안수를 성례로 보고 이를 통해 신비한 방식으로 은사가 임한다고 믿었습니다. 17세기 네덜란드의 교회정치학자 푸치우스(Voetius)는 목사 임직 시 안수가 반드시 있어야 한다고 생각하지 않았으나 선한 것으로 보았고(Pol. Eccl. III, 452, 575, 579), 칼뱅은 교회의 봉사를 위해 헌신한다는 뜻에서 안수한다고 하였습니다. '물론 손을 얹는 일에 대한 명확한 명령은 존재하지 않는다. 그러나 사도들이 이를 계속해서 사용했으므로, 매우 조심스럽게 이를 지키는 것을 명령에 준하는 것으로 보아야 할 것이다. 그리고 사역의 위엄을 이런 식의 표징을 통해서 사람들에게 높이 드러내는 것이 유익하며, 게다가 안수를 받는 사람에게도 이제는 자기가 자기의 것이 아니요 하나님과 교회를 섬기는 일에 매인 자가 되었음을 경고하는 것이 유익할 것이다. 더욱이 안수의 진정한 원래의 의미를 회복한다면 그것이 허망한 표징이 되지도 않을 것이다.…이 예식 역시 성령에게서 나온 것이므로 미신적으로 잘못 악용되지만 않는다면 이 예식도 무용한 것이 아니라는 것을 느껴야 할 것이다.'(『기독교 강요』 4:3:16 임직의 예식)

셋째는 악수례입니다. 안수 및 기도가 끝난 후에 장립된 직원은 일어나서 집례자와 악수하고 이어서 참여자들과 악수를 합니다. 이는 '우리와 함께 거룩한 사역에 참여하게 되었으니 당신에게 교제의 악수를 청합니다'(갈 2:9)라는 뜻이 여기에 담겨 있습니다.

당회가 직원 선출할 때
특정한 후보자를 추천할 수 있을까요?

예장고신 헌법 교회정치는 당회가 교회직원을 선출할 때 장로, 집사, 권사 후보자를 추천하여 공동의회에서 선출할 수 있다고 규정하고 있습니다(『교회정치』 제67조, 제78조, 제87조).

사실 당회를 구성하는 목사와 장로만큼 교인을 잘 알고 그래서 가장 적절한 후보자를 추천할 수 있는 사람이 없을 것입니다. 당회가 직원에 적합한 후보자를 추천하는 것은 장로회 정치체제를 채택한 장로교회의 큰 장점 중 하나입니다. 장로회 정치에서 장로는 모든 교인의 신앙과 행위를 총찰(총찰)하는 직무를 맡은 자이기에 어쩌면 그 직원에 적절한 후보자를 제시하는 것은 너무나 자연스럽고 당연하니다. 이 같이 장로회 정치는 직원 선출과 관련하여 주도적으로 지도력을 발휘하는 것을 인정하고 있습니다. 그런데도 이 장점을 살리는 교회를 찾아볼 수 없습니다. 적어도 이 점에서 당회가 헌법이 규정하는 지도력을 충분히 발휘하지 못하고 있습니다. 그 이유는 간단합니다. 당회가 교인들에게서 지도력과 공신력을 인정받지 못하고 있기 때문입니다. 당회가 제시하는 특정한 후보자를 두고 교인들이 공정하지 못하다고 이의를 제기하고 불평할 것에 대한 두려움 때문입니다. 그래서 다음과 같이 타협하여 후보자를 제시합니다.

예를 들면 선출하고자 하는 직원의 정수에 2배수나 3배수 등 후보자의 수를 특정하지 않고 그 직원 자격에 가장 기초적인 것이라 할 수 있는 연령(권사의 경우 만45세 이상 65세 이하)이나 세례 이후 경과 기간(권사의 경우 세례교인으로 무흠하게 5년을 경과한 자), 혹은 교회 등록 이후 경과 기간(권사의 경우 본 교회에 등록한 후 2년 이상 경과된 자) 등을 기준으로 여기에 맞는 대상자를 모두 추천합니다. 그래서 선출하고자 하는 장로는 불과 3명이지만 교회의 규모에 따라서 후보자는 30명 아니, 300명 이상이 되기도 합니다. 이렇게 후보자 군이 크다 보니 어느 정도 규모가 있는 교회에서는 선출하고자 하는 정수를 선출하는 것이 제대로 될 리가 없습니다. 5명의 장로를 선출하려고 했지만 한 명도 선출하지 못할 수가 있습니다. 이런 식의 후보자 추천은 어쩌면 선거권자인 교인을 무시하는 무책임한 행동이라고 할 수 있습니다. 그래서 어떤 경우는 이런 폐단을 염두에 두고 후보자군을 더 좁히기 위해 다양한 기준을 제시하기도 합니다. 교회를 봉사한 정도와 교회에 기여한 정도, 십일조나 감사헌금, 절기헌금, 건축헌금을 한 여부, 연간 주일 예배에 참석한 횟수, 소속 구역(목장)에 정기적으로 참석하는 여부, 교회가 시행하는 여러 프로그램 이수 여부 등입니다. 이 조건들이 각 직원의 자격을 심사하는 데 나름대로 평가자료가 될 수 있을 것입니다. 그렇지만 이것만으로는 충분하지 않다는 것에 모두 동의할 것입니다. 이것 외에는 다른 평가자료가 없다보니 궁여지책으로 이 자료를 활용한다고 이해할 수 있습니다. 그러나 여기서 열거한 평가 자료들은 교인으로서 기본적인 자질에 속한 것이지 직원으로서 수행할 직무의 자질과 은사와 신앙과 인격을 판단하는 것으로는 턱없이 부족한 것들입니다. 또 다른 교회는 장로 후보자를 장립 집사로 국한시키기도 합니다. 그러나 사실 이도 헌법의 정신을 위반하는 것입니다. 헌법(교회정치)은 장로의 후보자를 장립 집사로 제한하지 않고 있기 때문입니다. 그냥 만 40세 이상 65세 이하의 남자 세례교인으로 무흠하게 7년을 경과한 자, 본 교회에 등록한 후 3년 이상 경과한 자로 그 자격을 제시하고 있을 뿐입니다.

오히려 봉사할 그 직원의 직무에 적당한 은사와 신앙과 인격을 가진 자인지 그 여부를 판단하는 것은 일차적으로 오랫동안 회중 가운데서 사역한 목사와 장로들이 가장 잘하는 일입니다. 이들은 오랫동안 그들을 지켜보아 왔습니다. 또 심방과 대화를 통해 이들의 성격이 어떠한지, 이들이 그 직무에 합당한 은사와 능력을 받았는지, 이들의 신앙이 어떠한지 등을 잘 알고 있습니다. 따라서 당회가 회중을 인도할 책임을 지고 선출하고자 하는 직원의 정수에 2배수 혹은 3배수를 추천하여 공동의회에서 회중의 선택을 받도록 하는 것이 가장 바람직합니다. 선출하고자 하는 직원의 정수를 염두에 두고 후보자의 수를 적당하게 비율로 정해 놓고 거기에 맞는 사람을 추천하는 것이 바람직합니다. 단, 정수가 5명인데 후보자를 동일한 수인 5명으로 제시하는 방법은 바람직하지 않습니다. 이는 선택의 여지를 없애버림으로써 교인의 선출권을 무시하는 행위라 할 수 있습니다. 그러나 분명히 알 것은 후보자를 추천하는 당회가 평소에 회중의 신임을 받지 못할 경우는 상황이 어렵고 복잡할 수 있다는 점입니다. 따라서 당회는 평소에 회중의 신임과 존경을 받아야 합니다. 당회가 적절한 인원의 후보자를 추천하는 것은 장로교회가 가진 중요한 특성이자 장점이라고 할 수 있습니다.

Q. 그리스도께서 교회에 왜 항존직원을 주셨는가를 생각해봅시다. 그리고 이를 우리 교회에 적용해 봅시다. 그래서 항존직원의 필요성을 인정할 수 있겠습니까?

Q. 오늘날에는 왜 사도가 없습니까

Q. 교회직원은 왜 임명이나 자원이 아니라 공동의회에서 선출해야 하는 것일까요?

Q. 직원 선출할 때에 당회가 특정한 후보자를 추천하는 것에 대해서로 토론해 봅시다.

제3장
목사와 장로

제3장
||||||||||||||||||
목사와 장로
||||||||||||||||||||||||

목사의 직무와 호칭에 대해

목사는 어떤 사람입니까? 목사라고 하면 사람들은 그가 위임목사인지, 전임목사인지, 부목사인지, 전도목사인지, 기관목사인지, 선교사인지, 종군목사인지, 무임목사인지 목사를 구분하는 칭호에 대해 더 관심이 있습니다. 또 그가 원로목사인지, 그냥 은퇴목사인지에 대해 더 알고 싶어합니다. 이러한 칭호 때문에 목사들 사이에 약간의 위화감도 있는 것도 사실입니다.

그런데 목사를 구분하는 이러한 칭호보다 모든 목사에게 부치는 명칭들이 있습니다. 이 명칭들은 교회의 머리이신

예수 그리스도께서 자기 교회에 왜 목사를 세우셨는지를 알수 있는 중요한 단서가 됩니다. 왜 목사를 통상적이고 항존하는 직원으로 세우셨을까요? 이는 그가 맡은 일이 통상적이고도 항존하는 직무이기 때문입니다. 이를 목사에게 부치는 호칭들을 통해 살펴봅시다. 아래에서 보는 것처럼 목사에게 붙이는 이 모든 호칭은 목사를 교회적인 권위를 등급을 가지고 우열을 구분하기 위해 있는 것이 아닙니다. 나이 경험, 경건, 학식, 열심 등에서 비롯되는 차이는 있을지언정 목사에게 부치는 다음 호칭은 모두 목사의 직무가 가지는 다양성을 잘 보여주고 있습니다. 성경은 목사들은 직무상 동등하다고 가르치고 있습니다. 핫지(J.A. Hodge)가 쓴 「교회정치문답조례」 제73문답에서 다음 호칭을 볼 수 있습니다.

첫째, 감독(bishop, overseer)입니다. 목사는 그리스도의 양무리를 보살피며 감독하는 자이기 때문입니다.

"여러분은 자기를 위하여 또는 온 양 떼를 위하여 삼가라 성령이 그들 가운데 여러분을 감독자로 삼고 하나님이 자기 피로 사신 교회를 보살피게 하셨느니라"(행 20:28)

신약성경에서 장로는 곧 감독이었습니다. 이 두 용어는 서로 교호적으로 사용되었습니다(행 20:17, 28; 빌 1:1; 벧전 5:1-2).

둘째, 목자 또는 목사(pastor)입니다. 목사는 신령한 음식으로 그리스도의 양 무리를 먹이기 때문입니다.

> "너희 중에 있는 하나님의 양 무리를 치되…"(벧전 5:2)

셋째, 사역자(minister, 일꾼)입니다. 목사는 자기 교회에서 그리스도를 섬기는 '일꾼'이기 때문입니다. 고린도전서 4:1에서 '그리스도의 일꾼'으로 옮겨졌습니다.

넷째, 장로(presbyter, elder)입니다. 목사는 신중하고 분별력을 가지고 양 무리의 본이 되고 자기 집뿐 아니라 그리스도의 나라를 잘 다스려야 할 자이기 때문입니다.

> "너희 중 장로들에게 권하노니 나는 함께 장로 된 자요…"(벧전 5:1)

다섯째, 교회의 사자(the angel of the church)입니다. 목사는

하나님이 보내신 자이기 때문입니다. 요한계시록에서 소아시아 일곱교회들을 언급할 때 사용되었습니다(2-3). 소아시아 일곱교회들의 사자들은 소아시아 일곱교회들의 감독들, 장로들보다 더 위에 있거나 혹은 이들과 별도로 다른 직분이 아닙니다. 이 교회들의 감독과 장로를 가리켜서 굳이 사자라고 한 것은 계시록 전체가 비유와 상징으로 가득하다는 것을 감안할 때 이들을 통해 각 교회에 특별한 말씀이 전달되기 때문에 부쳐진 것으로 보입니다.

여섯째, 사신(使臣, ambassador)입니다. 목사는 하나님께 보냄을 받아 죄인들에게 하나님의 뜻을 선포하고 또 그리스도로 말미암아 하나님과 화목하도록 권면하는 자이기 때문입니다.

"그러므로 우리가 그리스도를 대신하여 사신이 되어 하나님이 우리를 통하여 너희를 권면하시는 것 같이 그리스도를 대신하여 간청하노니 너희는 하나님과 화목하라"(고후 5:2)

일곱째, 하나님의 비밀을 맡은 청지기(steward of the mysteries of God)입니다. 목사는 하나님의 풍성한 은혜와 그

기독교 사용 설명서 3 교회직원

리스도가 세우신 명령을 나누는 자이기 때문입니다.

> "사람이 마땅히 우리를 그리스도의 일꾼이요 하나님의 비밀을 맡은 자로 여길지어다 그리고 맡은 자들에게 구할 것은 충성이니라"(고전 4:1–2)

위에서 본 것처럼 로마가톨릭이나 감독교회(성공회)와 달리 목사의 호칭에 '제사장'(priest)은 없습니다. 제사장이 없는 것은 모든 신자가 제사장이기 때문입니다. 그런데 감독교회(성공회)는 목회자의 사역을 다음과 같이 등급을 나누어 세 계급으로 말하고 있습니다. 첫째, 주교(감독, bishop). 둘째, 신부(사제/제사장, priest). 셋째, 집사(부제, deacon). 주교는 모든 목회자와 교회를 감독할 권위가 있고, 입회와 직원의 장립 일체를 관장합니다. 신부는 각 교회의 담임을 맡은 자이며 주교에게 복종하면서 집사를 지도합니다. 교회사역을 하면서 교구에서 신부를 보조하는 집사는 자격을 부여받은 후에는 설교도 할 수 있습니다. 로마가톨릭은 이에 더하여 교황도 있어서 그리스도의 대리자이며 베드로의 후계자로서 로마가톨릭의 모든 교회에 대하여 최고의 권위를 가집니다. 목사에 대해 이러한 호칭을 부치는 것은 1566년에 작성된 「제2스위스 신앙고백서」에서 볼 수 있습니다.

"감독은 교회를 감독하고 살피면서 교회의 먹을 것과 기타 필요한 것들을 공급하는 자입니다. 장로는 교회의 연장자로서 사실상 교회의 원로와 아버지가 되어서 건전한 권면으로 교회를 다스리는 자입니다. 목자는 주님의 양 무리를 보살핌과 동시에 교회의 필요한 것들을 공급하는 자입니다. 교사는 참된 믿음과 경건을 교훈하고 가르치는 자입니다. 그러므로 지금의 교회의 사역자들은 감독, 장로, 목사, 교사라고 불릴 수 있습니다"(「제2스위스 신앙고백서」, 제18장 교회의 사역자와 직분과 제도에 관하여)

「웨스트민스터 교회정치」(1645)에서 목사 임직을 돌아보다

목사 임직은 목사의 직무와 권위를 부여하기 위해 구별하여 세우는 것을 가리킵니다. 감추어진 신비한 은혜나 능력을 전수하기 위해서가 아니라 하나님의 부르심을 입어 하나님이 위임하는 권위를 받은 것으로 인정을 받고 거룩한 사역으로 임명되는 엄숙한 의식입니다. 그런데 목사를 임직하는 과정을 보면 너무 서두르고 엄숙함과 진지함이 없다는 인상을 간혹 받을 때가 있습니다. 이 점에서 「웨스트민스터 교회정치」(1645)는 우리에게 중요한 교훈을 줍니다.

먼저 성경에 바탕하여 목사 임직에 대한 교리를 분명하게 제시하였습니다

첫째, '목사 임직은 교회 안에서 항상 계속되어야 하지만 정당한 소명이 없이는 아무도 목사직을 스스로 취해서는 안 되며, 그래서 삶과 목회적인 능력에서 충분한 자격을 갖추어 노회와 회중으로부터 검증을 받고 옳다 인정함을 받아야 하고, 따라서 일부 교인들이 정당한 이유를 들어 이의를 제기하여 임직을 반대한다면 그 교회 목사로 임직을 하지 말아야 한다'고 했습니다. 목사 임직에서 '정당한 소명'을 강조하고 있습니다. '정당한 소명'이란 그가 개인적으로 확신하는 내적 소명이 아니라 회중과 노회에서 검증을 받아 공적으로 인정을 받는 외적 소명을 말합니다. 회중과 노회가 삶과 목회적인 능력에서 자격을 심사하여 그를 옳다 인정해야 합니다. 그래서 당사자나 회중

과 노회는 주님의 정당한 소명을 확인하는 자세를 가지고
이 일에 임해야 합니다.

둘째, '노회원들이 금식하고 기도하며 안수함으로써 임
직되어야 한다'고 하였습니다. 이 말은 목사 임직이 노회의
중요한 일이며, 특히 노회원들이 금식하고 기도하며 안수
함으로써 임직한다고 하였습니다. 그런데 현실은 목사 임
직은 노회의 직무 가운데 너무나 작은 일에 불과합니다. 목
사 임직 시에 어느 노회에서 노회원이 금식했다는 말을 들
어본 적이 없습니다. 진지함과 엄숙함이 전혀 없는 것은 아
니지만 많이 부족합니다. 임직식이 마치고 나면 이날은 축
하하는 꽃과 와자지껄한 소리, 선물과 고기 굽는 냄새로 진
동합니다.

목사 고시(시취)를 위한 규칙을 말하였습니다

첫째, '그 사람이 얼마나 신중함과 겸손이 있는지를 보
고, 성경 원어 실력에 관하여 시험을 치고, 어느 부분을 당
시 국제공용어인 라틴어로 번역하며, 여기에서 결점이 드
러나면 다른 학문에서 좀 더 철저히 조사해 논리학과 철학
을 습득했는가를 시험하라'고 하였습니다.

그런데 우리는 어떠합니까? 무엇보다 신중함과 겸손함의 자질을 시험할 만한 시간적인 여유를 가지지 못하고 있습니다. 성경 원어를 시험하고 이를 라틴어(현대식으로 바꾸면 국제 공용어 영어)로 해석하게 한 것은 목사의 직무가 은혜의 방편인 말씀을 바르게 해설하고 설교하는 자이기 때문입니다. 논리학과 철학을 시험하는 것은 이런 학문의 도움을 얻어 회중에게 설득하며 설교하기 위해서일 것입니다. 우리는 얼마나 설교자의 중요성을 알고서 이런 시험을 통해 그의 소명을 검증하고 있습니까?

둘째, '그가 축적한 신학을 시험하여 바른 교훈을 가지고 있는지와 또 이를 변호할 수 있는 능력을 시험하라'고 하였습니다. 목사는 이단과 사이비에 대해 진리를 파수할 책임이 있기 때문입니다.

셋째, '주어진 성경본문을 강해하는 시험, 특정한 신학적 주제에 대해 논문을 쓰는 능력을 시험하고, 나아가 설교는 세 번에 걸쳐서 확인하고, 청빙하는 교회 교인들과 대화를 해서 그의 은사, 삶과 행실을 물어보라'고 하였습니다. 이렇게 철저하게 여러 측면에서 그를 시험하는 것은 목사의 직무가 너무나 중요하기 때문입니다.

임직식 절차를 말하였습니다

첫째, '임직하는 날에는 노회원뿐 아니라 회중도 엄숙히 금식하여 더욱 간절히 그리스도의 규례들과 그들의 유익을 위한 그의 종의 수고에 복 주시기를 위해서 기도하며, 설교자는 회중에게는 목사의 직분과 의무를 또한 회중이 그의 사역을 위해 그를 어떻게 영접해야 할 것인지를 설교하라'고 하였습니다. 그런데 우리 경우 노회 회기 중에 임직이 이루어지기에 청빙을 하는 교회 회중은 임직식에 거의 참석할 수 없습니다. 따라서 회중은 목사의 직분과 의무에 대해, 또 목사를 대하는 자세에 대해 설교 들을 기회가 있을 수가 없습니다. 앞으로 이 점은 고려되어야 되어야 할 것으로 생각합니다.

둘째, 설교 후에 설교자는 임직자와 회중에게서 각각 서약을 받고 이어서 안수와 기도, 목사와 회중에게 하는 권면, 축도로 임직식의 순서가 이어집니다. 여기서 눈여겨볼 것은 임직자와 회중이 서로 엄숙하게 약속과 서약을 하는 순서입니다. 즉 임직자는 성경에 따라서 그리스도 예수에 대한 그의 믿음과 개혁 신앙의 진리에 대한 그의 확신, 이 소명에 임하는 그의 신실한 의도와 목적, 기도와 읽기와 묵상과 설교와 성례의 집행과 징계 등을 근실히 하고 맡겨진 모든 목회적 의무를 행하기에 부지런할 것, 오류와 분열에 반대하여 복음의 진리와 교회의 통일성을 유지하는 데에 열심할 것과 성실할 것, 그 자신이나 그의 가족이 책망할 것이 없고 양 무리의 본이 되도록 관심을 기울일 것, 온유한 심령으로 그의 형제들의 권면과 교회의 징계에 기꺼이 그리고 겸손히 순복할 것, 그리고 모든 어려움과 핍박에 직면해서도 자기의 임무를 계속하려는 굳은 의지 등이 요구되었고, 회중에게는 기꺼이 목사로 받고 인정할 것인가, 주 안에서 그들을 다스릴 때 기꺼이 그에게 순종하고 복종할 것인가, 즐거이 그를 지지하고 격려하고 도울 것인가를 묻고 서약하도록 하였습니다.

서약의 내용이 현재 우리 경우보다 더 자세한 것이 특징입니다. 엄숙한 서약보다 안수 자체에 더 마음이 가는 우리 현실을 되돌아보지 않을 수 없습니다.

목사 청빙, 어떻게 해야 할까요?

목사 청빙, 이는 모두에게 영광스러운 일입니다. 교인 편에서 볼 때 목사 청빙을 위한 공동의회 선출에 참여하여 하나님께서 목사를 부르고 보내는 과정에 쓰임 받으므로 이 얼마나 영광스러운 일이 있을까요? 또 목사 편에서 청빙은 주의 종으로서 인정을 받게 되는 공적인 증거가 되기에 이보다 영광스러운 일이 없을 것입니다. 그런데 이 영광스러운 목사 청빙이 청빙하는 교회나 청빙을 받는 당사자 모두에게 하나님의 부르심을 확인하는 자리가 아니라 어떤 경우는 분란의 소지가 되기도 하고 실패와 후회, 상처로 마칠 때가 있습니다. 목사 청빙, 과연 어떻게 하면 우리 모두 다시 이 영광을 회복하고 또 이 영광을 경험할 수 있을까요?

첫째, 먼저 목사를 청빙하는 것이 도대체 어떤 것인지에 대해 먼저 생각합시다.

이를 위해 목사의 직무가 무엇인지를 알 필요가 있습니다. 무엇보다 목사는 장로와 집사, 권사와는 근본적으로 다른 직무를 맡았습니다. 즉 신령한 음식인 하나님의 말씀으로 그리스도의 양 무리를 먹이며 또 보살피며 다스리는 일입니다. 그렇다면 목사는 설교자 이상의 직무를 맡았습니다. 물론 목사가 공예배에서 설교를 통해 주로 신령한 음식을 먹이기는 하지만, 신령한 음식을 먹이는 것은 여기에만 국한되지 않습니다. 여러 기회에 여러 방법을 통해 이뤄질 수 있습니다. 또 신령한 음식을 먹일 뿐 아니라 양들을 보살피고 다스리는 것은 목사가 설교자 이상이라는 것을 말해 줍니다. 따라서 목사를 청빙하는 것은 어떤 뜻일까요? 이전 설교자와 다른 설교를 듣기 위해 새로운 설교자를 청빙하는 의미일까? 한 3–5년 정도 지나면 지금 목사에게서는 더 들을 설교가 없어서 다른 설교자를 청빙하는 것일까요? 아닙니다. 방금 본 것처럼 목사의 직무를 생각할 때 목사를 청빙하는 것은 곧 교회는 그 목사와 목양적인 관계를 맺게 된다는 뜻입니다. 그를 통해 신령한 음식을 먹고 보살핌을 받고 다스림을 받기 때문입니다. 이러한 목양적 관계는 3–5년을 지나 10년, 20년이 지날수록 더 깊고 풍성할 수 있습니다. 목사가 자주 바뀐다면 결코 이러한 목양적 관계는 기대하기 어려울 것입니다.

따라서 목사를 청빙하는 교회 입장에서 볼 때 이는 신중을 기하며 함께 기도하고 하나님의 뜻을 물어야 할 일입니다. 「웨스트민스터 교회정치」(1645)에서 보는 것처럼 이 일을 위해 온 교회가 금식하며 기도할 수도 있을 것입니다.

둘째, 그렇다면 교회는 청빙하는 목사에게서 무엇을 기대해야 할까요?

목사 청빙이 목양적 관계를 맺는 것임을 안다면 겉으로 드러난 화려한 학력과 경력, 외국어 실력, 혹은 목사 부인의 경력을 요구하는 것이 얼마나 어리석은 짓인지를 알 수 있습니다. 이는 세상의 방법입니다. 한때 박사 학위를 받은 목사를 선호하여 청빙했다가 후회한 교회들이 더러 있었습니다. 목사의 통상적이며 항존하는 직무를 성실하게 잘할 수 있는 은사와 능력이 있는지를 시험하십시오. 설교자로서 성경을 잘 해설하며 설득력 있게 교인들에게 설교할 수 있는지를 보십시오. 교인과 자녀들을 잘 가르칠 수 있는 교사의 자격이 있는지를 보십시오. 이런 자격은 한 번으로 다 평가할 수 없을지도 모릅니다. 이외에도 많은 요구사항이 있을 수 있습니다. 그러나 무엇보다도 앞으로 오랜 기간 그와 목양적 관계를 맺기에 교인들과 목양적 관계를 잘 이어갈 수 있는 자인지를 시험하십시오. 그래서 그의 인격과 생활을 검증하십시오. 신중함과 겸손이 있는지를 보십시오. 너무 빨리 정답을 제시하는 자가 아니라, 말도 안 되는 교인의 말이라도 인내하며 잘 들어주는 자인지를 보십시오.

셋째, 그렇다면 마지막으로 청빙하는 과정을 어떻게 하는 것이 바람직할까요?

지금까지 전통적으로 주로 해 온 방법은 여러 통로를 통해(노회나 어느 목사나, 교인 등) 추천을 받는 것이었습니다. 그러면 당회는 추천받은 자를 차례대로 초청하여 설교하도록 하고 그중에서 공동의회에서 결정하였습니다. 그러나 이런 방법은 후보에 오른 일부 목사의 입장을 곤란하게 만들 수도 있고(주일에 지금 시무하는 교회를 비우고 설교하러 못 올 수도 있습니다), 또 모든 교인이 다 후보자를 추천할 수 없다는 점에서 불공평할 수 있기에 반대도 많습니다. 그래서 공모제를 채택하는 교회들이 많이 있습니다. 신문에 담임목사 모집공고를 내어서 자격과 요구 조건을 제시하여 뜻있는 목사들이 지원하게 하는 방법입니다. 그런데 이 방법은 모든 목사에게 기회를 준다는 점에서 공평한 것 같지만 교회와 청빙 받는 목사의 관계가 갑과 을의 관계가 될 수 있다는 점에서 여러 문제가 많습니다. 무엇보다 하나님이 교회직원을 부르신다는 소명 신앙이 약화된 점에서 교회뿐 아니라 목사에게도 결코 유익하지 않습니다. 오히려 이는 속화된 모습입니다. 조용히 하나님이 부르시는 때를 기다려야 할 목사가 나서서 지원하여 교회를 찾는다는 것은 소명 신앙에 합치되지 않습니다. 최근 공모제의 폐단을 알았는지 신문에서 목사청빙공고를 이전 같지 않게 볼 수 없는 것은 다행이라고 생각합니다.

그나마 바람직한 것은 여러 다양한 구성원들로 청빙위원회를 구성하여 목사의 통상적이면서 항존하는 직무를 잘 감당할 수 있는 자격과 우리 교회의 독특한 실정에 부합하는 조건을 우선 확정하고, 그다음에는 여러 통로를 통해 후보자를 추천받아서 충분한 시간을 두고 기도하고 주의 뜻을 물으며 한 사람씩 조용하게 시험하고 검증하는 것입니다. 필요하면 당사자를 만나서 대화할 수도 있고 그 교회에 찾아가서 설교를 들을 수도 있고, 그 교회 교인들의 의견을 청취할 수도 있습니다. 이런 과정을 거쳐 청빙위원회에서 그 후보자가 거의 만장일치가 될 때 당회와 공동의회에 제시해야 하는 것이 좋습니다.

준직원(목사후보생과 강도사)은 어떤 사람들입니까?

신학대학원에 재학 중인 목사후보생이나 강도사를 흔

히 준직원으로 부릅니다. 왜 준(准)직원이라 불리는 것일까요? 이들은 목사라는 직원을 준비하는 과정에 있기 때문입니다. 여기서 먼저 생각할 것은 목사는 교회에서 더 많은 목사가 필요하다는 것을 가르쳐야 한다는 점입니다. 교회에 많은 목사후보생, 준직원이 나오도록 목사가 부모를 가르치고 부모에게 도전을 주어야 합니다. 목사는 교회에서 부모가 하나님께서 자기 자녀를 거룩한 사역으로 부르시도록 기도해야 하고, 하나님께서 선택하셨다면 이는 큰 영예라는 것을 가르쳐야 합니다. 목사후보생은 소속 교회의 당회와 출석 교회가 속한 노회로부터 허락을 받고 신학대학원에 입학하여 재학 중인 자를 가리키고, 강도사는 총회 주관하는 강도사고시에 합격하고 소속 노회로부터 인허를 공식적으로 받아서 목사로 임직까지 일정한 기간 하나님의 말씀을 공식적으로 강단에서 설교할 수 있는 자격을 얻은 자를 가리킵니다.

첫째, 이들은 목사로 임직 혹은 장립되기까지 하나님의 부르심을 받은 자로서 교회와 노회 앞에서 엄숙한 증명과 판단을 받아야 합니다. 이것이 바로 외적 소명입니다. 누구도 이 정당한 (외적) 소명이 없이는 목사가 될 수 없는 것이 성경의 분명한 교리이기 때문입니다. 그래서 이들은 한마디로 아직 하나님의 부르심(혹은 소명)을 확인해 가는 과정에 있다고 할 수 있습니다. 그렇다고 할지라도 목사후보생이 되려고 신학대학원에 입학하기 위해서는 먼저 성령을 통해 하나님께서 자신을 목사직으로 부르신다는 확신을 스스로 가져야 합니다. 이 확신은 성령으로 인한 것입니다. 성령은 목사직으로 부르시는 자들에게 거기에 맞는 은사를 주시고 생애를 다하여 목사직을 통해 하나님께 영광을 돌리고 그리스도를 섬기려는 열망을 부어주십니다. 성령은 이런 식으로 이들을 격려하여 자기 뜻을 드러내십니다. 성령이 주시는 이 확신을 가지는 것이 하나님의 부르심을 입는 첫 증거입니다. 그리고 자신이 출석하는 교회의 목사와 당회로부터 이 소명에 대해 확증을 얻고 추천을 받아야 합니다. 또 자기 교회가 소속한 노회(보통 신학부)로부터도 이 소명에 대한 증거를 얻어야 합니다. 노회는 이런 자들이 청원하는 신학대학원 입학 허락을 심사하여 그 여부를 결정합니다. 그런 후에 그가 비로소 신학대학원에 지원하는 시험을 칠 수가 있습니다.

둘째, 그런데 준직원인 목사후보생과 강도사를 관리하는

일은 누구에게 책임이 있습니까? 준직원은 목사처럼 노회에 속한 정식 회원은 아닙니다. 그렇지만 이들은 개인으로는 당회에 속하나 직무상으로는 노회에 속합니다. 그래서 예장고신 제60회 총회(2010)는 고려신학대학원에 재학 중인 목사후보생은 매년 두 차례 정기적으로 열리는 자신이 소속한 노회에 참관하는 것을 의무로 규정하고 구체적인 시행은 해당 노회에 맡기기로 하였으며, 목사후보생의 학교생활 곧 학업과 품행에 대해 보고를 받고 해당 노회에서 적절하게 지도하기로 하였습니다. 이는 목사후보생이 목사가 되기 전까지 신학대학원뿐 아니라 소속 노회에서도 이들의 교리와 생활을 감독하는 취지입니다. 그래서 노회는 이들의 신덕(信德)이 불량하거나 노회 지도에 순응하지 아니하면 그 인허와 승인을 취소할 수 있습니다. 또 직무상 노회에 속하므로 노회를 이동할 시는 소속 노회의 허락을 받아야 하고, 이명증서와 이력서를 이거하는 노회에 제출하고 허락을 받아야 합니다. 그래서 소속한 교회를 사면하였다고 할지라도 이들은 여전히 해당 노회에서 지도관리를 받습니다(예장고신 제56회 총회, 2006).

그러나 노회가 소속한 목사후보생과 강도사를 관리하는

것은 무엇보다 이들을 격려하고 도와주는 것입니다. 노회에 참관한 이들을 위해 공적으로 기도해주고, 이들을 맡은 노회의 부서는 이들의 애로사항을 청취하며 이들을 위로할 뿐 아니라 형편에 따라 장학금을 주고 이들의 학업과 생활을 위해 필요한 편의를 제공할 수 있어야 합니다. 어떤 노회는 목사후보생을 혼내기만 하고 이들이 참관했는지 아예 관심조차 없기도 하고, 심지어 이들로부터 거마비를 요구한다는 믿을 수 없는 이야기가 들립니다. 이는 1619년에 작성된 「도르트 교회정치」(제19조)와 비교가 됩니다.

"신학생 후원: 교회는 신학생들이 계속 배출되도록 노력해야 한다. 필요하면 그들을 재정적으로 후원해야 한다."

우리도 목사후보생을 위한 재정 지원이 온 교회가 해야 할 의무라는 것을 교회정치가 규정한다면 얼마나 좋을까요?

셋째, 준직원의 의무는 무엇일까요? 주석가 박윤선 목사는 자기 책 『헌법주석』에서 준직원은 자격 심사 기회를 자주 가지라고 하면서 자기 자신을 엄밀히 검토할 뿐 아니라 배우는 데 있어서 또는 신앙생활 훈련에 있어서 속성주의를 버려야 한다고 조언하였습니다. 준직원 입장에서 어서 이 준비 기간을 마치려는 심리가 있을 수 있는데 이를 꼬집은 말입니다. 「교회정치 문답조례」 제559문답은 다음과 같이 목사후보생의 의무에 대해 말하였습니다.

"목사로 헌신하려는 젊은 목사후보생은 다음과 같은 사항을 진심과 사랑으로 기억해야 한다. 신앙훈련 없이 모든 지적인 능력을 습득하는 것이 거의 가치가 없다는 점을 기억하고, 성경 읽기와 개인 기도와 묵상에 힘써야 한다. 또 그리스도와 그의 사역에 대해 헌신했음을 보여줄 수 있는 실제적인 신앙의 의무에 특별히 주의를 기울여야 한다. 목사후보생의 의무에는 주일예배를 포함한 모든 예배의 참석과 전도에 대한 열심, 그리고 신앙의 본이 되는 삶도 있다."

장로는 누구입니까?

장로회 정치체제의 모델은 어떤 직원보다도 '장로'라는 이름에 있습니다. 장로교회는 다른 정치체제 교회와 달리 장로가 반드시 있을 것과 장로의 고유한 직무나 기능을 강조합니다. 도대체 장로가 누구이기에 이렇게 강조하는 것일까요?

첫째, 장로직은 신약뿐 아니라 구약에도 있었습니다. 신약의 장로직은 구약의 장로직에 그 기원을 두고 있습니다. 그래서 '장로들의 회'(딤전 4:14)는 구약의 이스라엘에 일찍이 존재하였으며 '장로들의 회'는 구약과 신약의 교회를 다스리기 위해 하나님께서 세우셨습니다. 예수님을 재판한 산헤드린 공회는 처음에는 '장로들'(프레스뷔테로이)로 불렀습니다. 그러다가 제사장 및 서기관 출신과 구별하여 지칭하는 말로 사용되었지만 때로는 이 공회 전체를 가리켜 '장로들의 회'(프레스뷔테리온/눅 22:66; 행 22:5)로 불리기도 하였습니다. 이상에서 볼 때 유대인으로 이루어진 초기 신자들은 이들에게 친숙한 이 장로직을 사도들의 지도하에 교회 안에서도 계속 유지하였습니다.

둘째, 장로는 다음과 같이 통상적이고 항존하는 직무를 하기에 교회에 꼭 필요한 직원입니다. 예장고신 「교회정치」 제66조는 다음과 같이 장로의 직무를 말하고 있습니다.

"1. 목사와 협력하여 행정과 권징을 관리하는 일 2. 교회의 영적 상태를 살피는 일 3. 교인을 심방, 위로, 교훈하는 일 4. 교인을 권면하는 일 5. 교인들이 설교대로 신앙생활을 하는 여부를 살피는 일 6. 언약의 자녀들을 양육하는 일 7. 교인을 위해 기도하고 전도하는 일 8. 목회에 필요한 제반 사항을 목사에게 상의하고 돕는 일."

위 장로의 직무를 요약하면 한마디로 그리스도의 양 떼인 교인을 '돌보고' '감독'하는 일입니다(행 20:28). 교회 정치는 장로에게서 목자의 역할을 기대하고 있습니다. 그래서 종교개혁가 칼뱅과 부서는 장로를 '교회의 목양 자'(Kirchenpfleger)로 불렀습니다. 이를 위해 장로는 전통적으로 교인의 가정을 심방하였고, 현 교회정치도 장로의 직무 제3항에서 '교인을 심방, 위로, 교훈하는 일'이라고 하였습니다. 장로의 권위는 목양적인 심방을 통해 세워집니다. 또 목사와 함께 구성되는 당회의 직무로 제시하는 '교인의 신앙과 행위를 총찰, 제반 예배 주관, 학습 입교 및 세례(유아세례 포함)의 문답과 시행, 성찬 예식의 주관, 교인의 이명 증서를 교부 및 접수와 제적, 소속 기관과 단체, 부설기관 감독 지도'(교회정치 제121조) 등은 모두 목양적 감독과 관련

되어 있습니다.

셋째, 그런데 오늘날 장로가 왜 이러한 목양적 직무를 소홀히 하게 되었을까요? 무엇보다 장로직이 하나의 명예가 되었기 때문입니다. 남자 교인이라면 한 번 꿈꾸는 로망이 된 것입니다. 장로가 마치 인사, 재정, 행정 등 교회 전반에 대해 권한을 행사하는 대단한 사람으로 비치기 때문입니다. 그러나 이는 장로직을 크게 오해한 것입니다. 장로직의 명예화는 일찍이 일제의 강점 기간 동안 교회를 영적 무기력에 빠지게 한 원인이 되었습니다. 1938년 제27회 조선예수교 장로회 총회가 신사참배를 공식가결하기 훨씬 이전 교회는 이미 영적으로 부패하여 신사참배의 요구에 저항할 수 없었습니다. 1930년대 장로교회는 장로 기념식을 하느라 바쁘게 보내었으며(OO주년 장로 근무 기념식, 장로 장립, 장로 모친상, 장로 부인상 등). 또 장로투표사건으로 교회분규가 곳곳에서 속출하였습니다. 무엇보다 장로의 직무에 '행정'을 포함한 것이 장로를 장로의 고유한 직무인 목양에서 원천적으로 멀어지게 하는 결과를 가져왔습니다. 「교회정치」 제66조 장로의 직무에서 제일 먼저 나오는 직무가 '1. 목사와 협력하여 행정과 권징을 관리하는 일'이라고 하였는데 여기에 목사와 협력할 직무 중 하나가 행정이라고 하였습니다. 이 '행정'은 1922년 「교회정치」에서 찾아볼 수 없는 것으로 1929년 「교회정치」에서 개정되면서 지금까지 이르고 있는 독소조항입니다. 1922년 「교회정치」 제5장 치리장로 제4조 장로의 직무에서 '치리장로는 목사들과 협동하여 치리와 권징의 사를 관리하며 지교회 혹 전국교회의 신령적 관계를 통솔하나니라'고 하였습니다. 목사와 함께 장로의 직무 중 주된 것은 '치리'와 '권징'이라고 하였습니다. 그런데 여기 쓰인 '치리'라는 용어가 1929년부터 개정이 되어 '행정'이라는 말로 바꾸어 지금에까지 이르고 있습니다. 이는 '치리'의 성경적, 교회정치적 의미에 무지한 처사이며 오늘날 당회가 행정에 집중하고 당회의 본래 직무에서 크게 어긋난 길로 들어서는 개정이라고 볼 수 있습니다. 한국 장로교회에서 장로가 목양적 역할을 하지 않고 행정에 치중하는지 그 역사적 구조적 원인을 여기서 찾을 수 있습니다.

우리 모두 장로가 성경에서 말하는 목자요 감독으로서 영광을 회복하는 은혜가 우리 교회에 나타나도록 위해서 기도합시다.

장로직이 역사에서 어떻게 변질하고
또 개혁되었을까요?

장로는 구약과 신약에서 하나님이 자기 교회에 세운 항존직원이며, 하나님은 장로들의 회를 통해 자기 백성을 다스렸습니다. 장로는 회중을 보살피고 교리와 생활을 감독하는 목자요 감독입니다. 그런데 이 장로직이 한때 역사에서 변질하고 또 종교개혁을 통해 다시 회복됩니다. 어떤 과정을 거쳐 왜곡되고 개혁되었는지를 살피는 것은 지금 우리에게도 큰 교훈을 줍니다.

첫째, 장로직이 언제 왜곡되었을까요?

신약성경 목회서신에 나오는 장로는 곧 감독이며 다스리는 자입니다. 그러나 시간이 흐르면서 교회의 필요를 따라 은사를 가지고 장로를 구분하게 되었습니다. 즉 가르치는 은사를 받은 장로와 다스리는 은사를 받은 장로입니다. 그러나 이는 둘 사이에 권리를 구분한 것은 아니었습니다. 그러다가 나중에는 장로와 감독(목사)을 구분하면서 이 두 직원을 권리 면에서 엄격하게 차별하기 시작하였습니다. 마침내 고대 교회 교부 키프리안(Cyprian, 200-258/카르타고의 감독)이 장로나 다른 직원보다 감독이 기능상 우위에 있다는 것을 강조하고, 또 251년에는 자기 저서『공교회의 일치』The Unity of The Catholic Church에서 감독 중심의 교회 일치를 주장하면서 장로직의 왜곡이 시작되었다고 할 수 있습니다. 분명히 신약성경은 감독과 장로를 같은 것으로 보았지만 이후 중세교회는 이 둘을 철저하게 구분하여 감독은 성례 시행과 함께 사제를 임명할 수 있는 권한이 있지만, 장로는 감독을 돕는 자로서 성례 시행만 할 수 있는 신부(사제)로 보았습니다. 이후에는 교회 회의에서 점점 로마교회의 감독 위치가 높아지면서 장로직의 왜곡은 더욱 본격화되어 계급 구조적인 감독주의 즉 주교(감독)—대주교—총대주교—교황으로 확산되었습니다(7세기). 그래서 서구 교회는 16세기 종교개혁까지 감독 정치가 보편적으로 용인되고 교황 정치체제가 자리 잡았습니다. 우리는 여기서 직원 간의 동등이 얼마나 중요한가를 배울 수 있습니다. 직무만 다를 뿐 직원 사이에는 높음과 낮음, 우열이 결코 없습니다. 이로써 부당한 교권이 들어와 교회를 부패에 이르게 했습니다. 목사, 장로, 집사 직분은 모두 고유한 직무를 따라 교회에 주신 것이지 높고 낮음을 따라 주신 것이 아닙니다.

둘째, 역사에서 장로직이 어떻게 회복되었을까요?

16세기 종교개혁은 교회정치의 개혁이라 할 수 있는데 무엇보다 장로직을 성경대로 회복하였습니다. 루터교회는 장로의 명예를 회복시키기는 하였으나 장로를 교회직원으로 받지는 못하였습니다. 스위스 취리히의 개혁가 츠빙글리 역시 교회의 통치를 장로들의 회인 당회가 아니라 시 정부에 위임하였습니다. 이에 외콜람파디우스(Oecolampadius, Bazel)는 1530년경 마태복음 18:15-18에 기초하여 교회의 권징을 위해서 일종의 견책자(장로와 동등한 자)를 세웠습니다. 이것은 시 당국에 독립하는 치리 기구였습니다.

> "교회의 권위를 가져가는 이러한 당국들은 적그리스도보다도 참기 힘들다…그리스도는 당신의 형제가 죄를 범하면 당국에 가라고 하지 아니하고 교회에 가라고 하셨다."

여기에 영향을 받은 부서(Bucer, Strassburg)는 1532년 목사의 설교에 개입하고 신자들의 신앙훈련을 책임지는 목양자(Kirchenpfleger)를 세웠습니다. 그는 이들을 초대교회의 장로와 동일시하였습니다.

개혁가 칼뱅의 업적 중 하나는 성경을 따라 '다스리는 장로'를 세운 것인데(롬 12:8; 고전 12:28), 장로가 목사와 협력하여 성도들의 삶을 교정하도록 장로의 직무를 강조한 것은 칼뱅이 스트라스부르에 있을 때 부서 등이 주도하는 교회개혁을 보고 배운 것이었습니다. 거기서 개혁가들과 협력하여 교회를 감독하며 치리한 자들은 '목양자'로 불렸습니다. 칼뱅은 성경을 따라 그리스도만이 교회의 왕으로서 자기 권한을 정부(루터와 츠빙글리의 경우)가 아니라, 또 교회 위에 군림하는 성직자들(로마가톨릭)이 아니라, '장로들의 회' 지도하에 있는 교회에 있다고 하였습니다.

"다스리는 자들(고전 12:28)은 사람 중에서 선출하여 세운 장로들로서 감독들과 더불어 도덕적인 과실을 책벌하고 권징을 시행하는 책임을 맡은 자들이었던 것으로 믿어진다. '다스리는 자는 부지런함으로…할 것이니라'(롬 12:8)는 바울의 진술을 달리 해석할 수 없기 때문이다. …그러므로 이 다스리는 직분은 모든 시대마다 필요한 것이다"(『기독교 강요』 4:3:8)

그래서 칼뱅은 제네바 교회에 12명의 장로를 세웠는데(2명은 25인 소의회에서, 4명은 60인회에서, 6명은 200인회에서 각각 세움), 후보자는 시의회 의원이면서 모범적인 평신도로 구성하였고 임기는 1년으로 하였습니다. 이 같이 장로직의 회복은 칼뱅을 통해 이루어졌으며 이후 장로교회와 개혁교회를 통하여 보전해왔습니다. 그렇다면 이제 오늘 우리는 이 장로직을 얼마나 귀하게 여기며 장로의 직무를 하고 있습니까?

장로의 윤번(輪番) 시무에 대해

성경은 장로의 시무 기간에 대해 무어라고 말할까요? 지금 대부분 한국 장로교회는 만 70세까지 시무 정년을 규정하고 있습니다. 그러나 성경은 시무의 기간이 종신인지 한시적인지에 대해 명확하게 말하고 있지 않습니다. 다만 성경에서 사도 시대는 장로와 집사의 직분이 종신으로 선출되었다는 인상을 받는 것은 사실입니다. 이런 이유로 많은 교회가 직원의 시무기간이 종신이라고 판단하게 되었습니다. 그러나 역사에서는 시무 기간을 한시적으로 정한 실례가 더 많습니다. 한국장로교회도 장로의 시무 기간에 대해 논의할 때가 왔습니다.

첫째, 종교개혁가 칼뱅과 제네바교회는 장로 임기를 1

년으로 정하였습니다. 그 이유는 교회 내부에서 독재와 교권주의를 예방하기 위해서, 교회 치리에 교인의 영향을 더 증대시키기 위해서, 교회에 잠재해 있는 다양한 능력과 은사가 가능하면 더 많이 드러나도록 하기 위해서였습니다. 개혁주의 교회정치 기틀을 놓은 『도르트 교회정치』(Dordtse Kerkorde, 1619년)도 장로 임기를 2년으로 정하였습니다(제27조). 허순길 교수도 만 70세까지 장로를 시무할 때 맞게 될 세 가지 문제를 지적하였습니다. 첫째, 대부분 장로는 생업을 갖고 있기에 평생 한결같이 교회 일에 충성하기 어렵다는 것입니다. 둘째, 사람은 누구나 한 자리에 오래 머물게 되면 자기도 모르게 나태하기 쉬운데 여러 해 계속해서 그 자리를 지키고 있으면 나태해질 수 있다는 것입니다. 셋째, 한 교회에서 같은 자리를 쉬지 않고 오래 지키고 있으면 자연히 당회와 교회 안에 보이지 않는 교권의 뿌리를 내릴 수 있어 부지불식간에 교만해지기 쉽다는 것입니다.

둘째, 장로의 윤번(輪番, rotary eldership) 시무는 어떤 것입니까? 예장고신 「교회정치」 제69조는 시무 장로가 당회의 정한 윤번 시무 규례에 따라 시무를 쉴 때 휴무 장로가 된다고 하며 이때 당회가 정한 '윤번 시무 규례'를 언급합니다.

이 윤번 시무 규례는 장로회 정치의 기초를 놓은 「스코틀랜드 제2치리서」(1578)에서 볼 수 있습니다.

> "비록 일정한 수의 장로들이 특정한 회중들에서 선출될 수 있다고 할지라도 그들 중 일부는 적당한 기간에 다른 사람들로 교체할 수 있습니다. 마치 율법 아래에서 성전을 봉사할 때 규례를 따른 레위인이 그러한 것처럼 말입니다"(「스코틀랜드 제2치리서」 제6장 제7조)

즉 장로가 한 번 부름을 받으면 그 직분에서 떠날 수가 없지만(제6장 제6조), 적당한 기간에 그 직무에서 쉴 수 있고 이때 다른 사람들이 교체할 수 있다고 하였습니다. 그래서 스코틀랜드 장로교회에서 장로는 종신으로 선출되기는 하지만 연속해서 시무하지는 않았습니다. 구약 시대 레위인과 제사장이 성전을 봉사할 때도 적절한 기간을 봉사한 후에는 다시 집으로 돌아갔습니다(신 18:6 이하, 눅 1장에서 사가랴도 성전에서 제사장의 직무를 마친 후에는 다시 집으로 돌아갔습니다).

미국장로교 총회는 1857년에 윤번제도(rotary eldership)를 도입하는데 즉 개교회가 공동의회를 통해서 장로의 봉사 기간을 종신으로 혹은 임기를 정해 세울 수 있다고 하였고, 그 임기는 3년으로 규정하였습니다. 현재까지 이러한 전통을 이어받은 교회는 미국정통장로교회(OPC)입니다. 이 1857년 규정은 핫지(J.A. Hodge)가 쓴 『장로교회 헌법이란 무엇인가』(What Is Presbyterian Law?, 1882년)에 그대로 반영이 되었습니다. 이 책은 1917년 곽안련 선교사에 의해 번역되어(『교회정치문답조례』), 1919년 조선예수교장로회 총회에서 참고서적으로 채용되었습니다. '치리 장로는 임기를 정하여 선출을 할 수 있는가? 지 교회가 무흠 입교인 투표에 의하여 일정 기간 시무할 치리 장로를 선출하는 것이 가능하다. 장로 직분은 항존적이지만 직분과 직무의 이행과는 엄연히 구별이 있고 시무장로와 직무를 이행하지 않은 장로와의 구별도 있다. '(교회정치문답조례 541문답) '얼마 동안의 임기를 가지고 선출하는가? 장로의 임기는 3년을 넘지 못한다.…'(542문답). 이렇게 해서 장로의 윤번 시무 규례가 한국장로교회에 소개되었으나 1970-80년이 되면서 교단마다 이를 삭제하게 되었습니다.

셋째, 그렇다면 지금 헌법을 거스르지 않고 장로의 윤번 시무 규정을 제정할 수 있을까요?

할 수 있습니다. 이를 위해 당회원 2/3 이상의 결의를 얻어야 합니다. 예장 고신 1992년 개정헌법은 '윤번 시무 규례'가 원래 내용은 삭제되고 비록 '휴무 장로'에 대한 조항에서 겨우 언급하는 정도에 그치게 되었지만, 70세 시무까지 윤번의 방식을 포함한 일체의 규례를 개체 교회 당회에서 정할 수 있도록 여지를 두고 있습니다. 따라서 각 교회 형편을 따라 적절하게 이 제도를 이용하면 교회에 큰 유익이 될 것입니다. 즉 만 70세가 되어 시무 정년으로 장로의 시무가 자동으로 중지가 되지만 시무 기한을 정하여 그 기간만 시무하고 시무 기간이 지나면 휴무 장로가 될 수 있는 길을 열어놓고 있습니다. 1922년 「조선예수교장로회 교회정치」가 규정하는 것처럼 장로를 3개 반으로 나누어서 교대로 일정한 기간 시무하고 또 일정 기간 휴무할 수 있습니다. 이때 매년 휴무하는 장로와 다시 시무하는 장로가 생기게 됩니다. 이 경우 시무 투표는 필요하지 않습니다. 혹은 예장 고신 1972년, 1981년 「교회정치」가 규정하는 것처럼 매번 일정한 기간마다(예를 들면 3년마다) 시무 투표를 해서 시무와 휴무 여부를 결정할 수도 있습니다. 이때 표결수효는 2/3

이상인데 그 의미는 재(再)시무에 반대하는 수효가 2/3가 되지 않으면(찬성 2/3가 아니라) 재시무를 할 수 있다는 뜻입니다.

목사와 장로가 어디에서 서로 협력해야 합니까?

장로회 정치체제의 핵심은 '장로회'('장로의 회,' 딤전 4:14)를 구성하는 목사와 장로가 서로 함께 동역하는 것에 있으며, 이를 위해 목사 장로가 서로 소통하며 협력하는 것은 절대적입니다. 한 사람의 목사 혹은 다수의 목사가 아니라, 또 교인들이 아니라, 목사와 장로가 함께 동역하는 장로회를 통해 교회의 권한을 시행하는 장로회 정치체제는 가장 성경에 가까울 뿐 아니라 가장 민주적이어서 역사에서 가장 바람직한 정치체제로 검증을 받고 있습니다.

특히 인간의 전적 부패라는 견지에서 볼 때 장로를 배제하고 목사를 중심으로 교회에 위임한 권한을 시행하는 감독 정치체제나, 목사도 장로도 배제하고 회중이 직접 교회에 위임한 권한을 시행하는 회중 정치체제는 그리스도가 회중에 위임한 권한을 오용이나 남용할 여지가 많습니다. 그런데 목사와 장로가 함께 동역하는 장로회 정치체제가 가장 이상적인 정치체제라 할지라도 현실은 이상과 동떨어질 수 있습니다. 특히 목사와 장로 간에 소통이 깨어지고 협력하지 않을 때입니다. 따라서 장로회를 이루는 목사와 장로가 서로 소통하고 존중하며 협력하는 것에 장로회 정치의 성사가 달려 있다 할 수 있습니다. 사적으로도 서로 이해하고 존중해야겠으나 무엇보다 목사 장로의 협력은 공적인 직무에서 있어야 할 것입니다.

첫째, 목사 장로가 협력하며 동역할 첫째 분야는 공예배입니다. 공예배를 주관할 책임은 목사와 장로로 구성되는 당회에 있다고 그 직무를 규정하고 있습니다.

"제반 예배 주관, 학습 입교 및 세례(유아 세례포함)의 문답과 시행, 성찬 예식 주관, 각종 헌금 실시 등"(「교회정치」 제121조)

목사와 장로는 회중을 위해 공예배를 '품위 있고 질서 있게'(고전 14:4) 준비할 책임이 있습니다. 물론 목사가 성경 본문과 설교 제목, 찬송가를 결정하고 성례를 주관할 책임이 있다 할지라도 공예배를 준비하는 것은 중차대하여 목사 개인에게 맡길 수 없습니다. 이는 엄연히 목사 장로가 동역해야 할 당회의 직무입니다. 공예배 시간과 장소, 환경과 분위기뿐 아니라 공예배 헌금(일시, 장소, 방법) 등 공예배 각 요소와 순서를 감독해야 합니다. 특히 장로는 공예배에서 공기도를 맡았습니다. 장로는 공기도를 임의로 해서는 안 됩니다. 예배지침을 따라 회중을 대신하여 기도할 수 있어야 합니다. 또 동역하여 학습 입교 및 세례받을 자를 문답하여 성찬에 참여할 자를 결정해야 합니다.

둘째, 회중을 돌보는 것은 목사의 단독 책임이 아니라 엄연히 당회의 직무입니다. 당회 직무 중에 가장 먼저 나오는 것이 '교인들의 신앙과 행위를 총찰'하는 것입니다(예장고신「교회정치」제121조). 즉 교인의 영적 상태를 살피며 교인을 심방하고 위로하고 교훈하는 일, 교인들이 설교대로 신앙생활을 하는 여부를 살피는 일, 교인을 위해 기도하고 전도하는 일, 언약의 자녀들을 양육하는 일 등은 장로의 직무로 규정된 것으로서(「교회정치」제66조) 목사와 함께 동역할 중요한 직무입니다. 그런데 회중을 돌보는 직무에서 장로는 거의 손을 놓고 있고, 대신 교역자나 권사나 구역봉사자들이 도맡아서 하는 형편입니다. 이렇게 해서는 그리스도의 몸인 교회가 온전히 세워질 수가 없습니다. 장로를 다스리는 장로라고 했을 때 그 다스림은 양 무리를 치는 목양을 가리킵니다. 장로는 그리스도의 양 무리를 잘 살피고 감독하며 보호하는 가운데 목사와 협력할 수 있어야 합니다.

셋째, 권징입니다. 장로 직무 중에 먼저 나오는 것이 바로 '목사와 협력하여 권징을 관리하는 일'이라고 하였고(「교회정치」 제66조 제1항), 목사 직무 중에 하나도 '장로와 협력하여 치리권을 행사하는 일'이라 하였습니다(「교회정치」 제41조 제8항). 그런데 예장 고신 2011년 개정헌법은 이전 헌법에서는 다루고 있는 당회 직무에서 이 권징의 직무를 생략하였습니다. 이는 결정적인 오류입니다. 당회를 포함하여 모든 치리회는 '교회법정'(Church Courts)이라 불릴 만큼 권징의 직무가 중요함에도 이를 간과하였습니다. 직전 헌법 (1992) 「교회정치」 제85조는 당회의 직무 중에 목사와 장로가 함께 당회에서 협력할 권징의 직무를 다음과 같이 규정하였습니다.

"9. 당회는 범죄자와 증인을 소환하여 심문하고, 필요한 경우에는 본 교회 교인이 아니라도 증인으로 소환 심문할 수

있고, 범죄한 증거가 명확할 때 시벌하고 회개하는 자를 해
벌한다."

「웨스트민스터 대교리문답」 제45문답은 그리스도가 왕
으로서 자기 교회를 가견적으로 통치하시는 방편 중 하나가
'권징'이라고 가르치고 있습니다.

"그리스도께서는 왕직을 다음과 같이 수행하십니다. 세상에
서 한 백성을 자기에게로 불러내시고 그들에게 직원들과 율
법과 권징을 부여하심으로 그들을 가견적(可見的)으로 통치
하십니다."

권징을 통해 비로소 왕이신 그리스도의 통치가 교회에
볼 수 있게 나타나는 것입니다. 바로 이 권징의 영역에서 목
사 장로가 아름답게 동역해야 합니다. 어떻습니까? 목사와
장로가 위 세 공적 직무에서 동역하고 있습니까? 다른 것에
서 협력과 존중도 중요하나 무엇보다 이 공적 직무에서 아
름다운 동역이 절대적으로 필요할 때입니다.

목사와 장로가 어떻게 협력해야 합니까?

앞에서 목사와 장로가 어디에서 협력해야 할지를 보았습니다. 이번에는 목사와 장로가 어떻게 협력할 것인가를 생각해봅시다.

첫째, 목사가 장로가 함께 동역하는 현장은 거의 당회이기에 목사 장로의 동역은 바로 이 회의체를 통해 검증되어야 합니다. 따라서 목사와 장로가 동역하려면 기본적으로 「교회정치」가 규정한 규칙과 원칙에 서로 충실하며 효율적으로 회의를 잘 할 수 있어야 합니다.

그런데 종종 당회가 이에 반해 운영되는 경우를 볼 수 있습니다. 예를 들면 당회의 소집요건이 갖추어졌음에도 불구하고 당회장이 당회를 불법적으로 소집을 하지 않는다든지 혹은 당회를 수직적 체제로 운영하여 맹목적 순종으로 몰고 가는 것입니다. 또 보편성과 상식, 합리성과 객관성을 가지고 예절과 질서와 대화를 중요시하며 서로 눈치 보지 않고 자유롭게 말하고 충분히 토론하는 분위기를 만들 수 있어야 합니다. 토론할 때 사적인 감정을 가지고 대해서는 안 되며, 편을 만들어서도 안 될 것입니다. 더구나 상대방을 모욕하고 비방하는 언사를 삼가야 할 것입니다. 또 자기주

장만을 일방적으로 내세운다든지 다른 회원이 무리하게 따르거나 동조하도록 강요해서도 안 됩니다. 다양한 목소리가 나오는 것을 두려워할 필요가 없습니다. 다만 의견이 첨예하게 대립이 되면 화합의 분위기를 유도하며 기도하고 진리 문제가 아닌 이상은 다수결의 원칙을 따라서 결정해야 할 것입니다. 그리고 그 결정은 사안에 따라서 교회 앞에 공개될 수 있을 정도로 투명한 것이 되어야 합니다. 또 합법적인 결의가 이루어졌을 때는 이를 존중하고 승복할 수 있어야 합니다. 그리고 당회에서 다룬 일 중에서 교회에 알려야 할 사안을 제외하고서는 바깥으로 말을 퍼뜨리지 않아야 합니다. 당회는 교역자나 다른 직원, 교인의 신상 문제에 대해 말이 오갈 수 있고 권징에 관계된 사항을 논의할 수 있습니다. 따라서 목사 장로는 당회에서 주고받은 내용의 비밀을 지킴으로 서로를 신뢰할 수 있어야 합니다. 그런데 종종 이를 어기고 교인에게 알려 선동하든지 제직회나 공동의회에 가서 자기주장을 끝까지 하는 경우를 볼 수 있습니다. 물론 다수결은 독선을 막는 제도적 장치로서 타협의 마지막 보루이지 처음부터 무조건 수의 논리로 가져가는 것에 유의해야 합니다. 다수결 원칙은 소수가 긍정하고 이의를 제기하지 않으며 합리적으로 순종할 때 의미 있는 것이지 힘없는 소수가 반항한다면 이는 실패한 것이라고 할 수 있습니다. 대화와 화합이 없는 회의체는 결국 또 다른 독재로 흐를 가능성이 있습니다.

둘째, 목사 장로는 교회에서 교인들로부터 비판을 받을 때 서로 지켜줄 수 있어야 합니다.

목사나 장로에 대해 비판하는 교인이 있을 수 있습니다. 그때 목사나 장로가 교인들의 비판에 가담하거나 동조해서는 절대 안 됩니다. 혹 목사나 장로가 실수해서 초래한 비판이라고 할지라도 교인들 편에서 동조하거나 당회 밖에서 교인들과 의논해서는 안 됩니다. 목사나 장로 모두 실수할 수 있는 연약한 사람이라는 것을 인정해야 합니다. 특히 장로는 성실하게 말씀을 전하는 목사를 보호해야 합니다. 말씀에 신실한 목사가 항상 교회에서 환영을 받는다고 할 수 없습니다, 목사가 말씀대로 강력하게 설교하면 반대하거나 비난하는 사람들이 생길 수 있습니다. 이때 장로는 목사를 도와야 합니다. 나아가 장로는 목사의 성장을 도와줄 수 있어야 합니다. 목사가 충분한 시간을 갖고 연구와 설교 준비를 할 수 있게 하고 경제적으로도 잘 살펴야 할 책임이 있습

니다.[*]

셋째, 목사 장로는 서로 충고하며 사명을 다하도록 노력해야 합니다. 사람은 누구나 남의 눈에 있는 티는 잘 보지만 자기 눈의 들보는 보지 못합니다, 목사와 장로는 자신을 살필 뿐 아니라 서로서로 살피고 충고하며 격려할 필요가 있습니다. 공적인 당회에서 예의를 갖추어서 정중하게 할 수도 있고 혹은 사적으로 내밀하게 편안한 분위기에서 할 수도 있을 것입니다. 동역하는 형제의 충고를 받아들일 수 없다면 목사 장로의 동역은 기대할 수 없을 것입니다.

---

[*]   허순길, 『잘 다스리는 장로』(서울: 도서출판 영문, 2008), 232.

Q. 오늘날 목사 임직식 관행에 대해 서로 대화해 봅시다.

Q. 어떻게 하면 성경적인 원리를 따라 목사 청빙을 할 수 있는지를 서로 말해 봅시다.

Q. 고의로 장로를 세우지 않는 교회가 더러 있습니다. 이런 교회를 어떻게 생각해야 할까요?

Q. 목사와 장로의 갈등, 그리고 협력에 대해 서로 이야기해 봅시다.

제4장
집사와 권사, 서리집사와 권찰

제4장
집사와 권사, 서리집사와 권찰

집사가 오늘날에도 굳이 필요할까요?
집사직이 역사에서 어떻게 변질하고 회복되었을까요?

사회안전망과 사회복지가 날로 확대되는 오늘날에도 집사직이 굳이 교회에 필요할까요? 이 문제에 대해 성경은 우리에게 무엇이라 말씀할까요? 하나님은 만약 우리가 율법을 지키면 자기 백성 중에 가난한 자가 없을 것이라고 말씀하셨습니다(신 15:4). 그런데 마치 우리가 다 율법을 지켜 행하지 못할 것을 염두에 두신 것처럼(참고. 신 15:5), 바로 이어서 우리 안에 가난한 자들이 항상 있을 것을 말씀하셨습니다(신 15:11). 예수님도 같은 말씀을 하셨습니다(요 12:8). 복

지제도가 잘 되어 있더라도 사람의 죄와 연약, 불완전 때문에 도움을 요청하는 자들은 항상 우리 주위에 있습니다. 그래서 집사는 목사와 장로와 함께 항존직원입니다. 하나님은 구약 시대에는 집사직을 주시지 않았으나 그 시대 가난한 자들을 잊지 않으셨고, 계명을 통해 집사직의 직무에 대한 동기를 제공하셨습니다(신 6:5, 10:19; 레 19:18, 34. 그 외 구약에 나타난 식사를 통해서도 찾을 수가 있습니다—신 12:7-12; 16:1-17; 시 132:15). 구약 시대에는 회중 전체가 가난한 자들에 대해 일차적인 책임을 졌습니다. 넓은 뜻에서 구약에서 돌봄의 대상이 된 자들, 즉 가난한 자뿐 아니라 고아와 과부, 나그네와 이방인, 레위인을 우선 가족이 돌보아야 했고, 지역사회와 왕과 국가가 함께 책임을 부담했습니다.

그러나 구약 시대와 달리 교회와 국가가 같지 않은 시대인 신약 시대에 와서 예수 그리스도는 구약 백성에게는 없는 집사의 직분을 교회에 주시어 가난한 자들을 봉사하게 하셨습니다. 이를 사도행전 6장에서 찾을 수 있는데(행 6:1-6), 예루살렘 교회 가난한 성도의 구제를 위해 일곱 사람이 선출되었습니다. 이들이 하는 일은 가난한 성도의 식탁을 '봉사'(디아코니아, '봉사')하는 것으로서 사도들의 직무인 기도와 말씀을 전파하는 '봉사'(디아코니아)와 근본적으로 같은 것이었습니다. 집사는 예루살렘 교회에 국한되지 않고 빌립보 등 다른 교회에서도 세워졌습니다(빌 1:1; 참고. 딤전 3:8-13).

그래서 집사는 교회가 '신실한 청지기'의 사명을 감당하기 위해 부름을 입은 직원입니다. 교인의 넉넉한 것을 가지고 다른 교인의 부족한 것을 보충하여 온 교인이 함께 균등하도록 하는(고후 8:1) 것을 위해 구제 사역을 주도하는 일을 합니다. 또 집사는 사회의 불의를 직시하며 교인이 공동체와 세계를 위해 봉사하도록 동기를 부여하는 일도 해야 합니다. 또 좋은 청지기가 되어 분별력과 관대한 마음을 가지고 교인이 주께 드린 헌물을 잘 분배할 수 있어야 합니다. 또 예수님이 제자들이 발을 씻으면서 말씀하신 것처럼(요 13:12-1) 교회가 섬김의 집이 될 수 있도록 주도해야 할 것입니다.

그런데 역사에서 이 집사직이 변질한 적이 있었습니다. 2세기에 이르러 교회 안에 교권 체제가 점점 자리를 잡으면서 변질하였습니다. 즉 가르치는 일을 맡은 장로들이 감독이란 이름을 독점하고 특수한 자리를 차지하게 되면서 다른 장로들과 집사들은 이들에게 종속하였습니다. 그 결과 감독은 구약 시대 대제사장의 위치에 비교되는 자리를 차지하게 되고, 장로들은 일반 제사장의 자리를 차지하게 되었으며, 집사들은 제사장들을 돕는 레위인이 되었습니다. 즉 집사들은 성찬에서 떡과 잔을 분배하고 성경을 봉독하고 예배 시의 광고, 회중 정돈 등을 하였습니다. 시간이 흐르면서 구제는 수도사들이 하는 일이 되었습니다. 그래서 집사는 구제라는 본래의 기능을 서서히 잃게 되었습니다. 또 교회 재정은 구제가 아니라 다른 목적으로 사용되고, 교인도 감사의 표가 아니라 속죄를 위해 헌금하였습니다. 결과적으로 이런 변질한 전통을 가진 로마가톨릭와 영국성공회 같은 곳은 지금도 집사가 구제의 일을 하지 않고 구약의 레위인처럼 말씀과 성례의 봉사를 돕고 있습니다.

종교개혁은 성경에 근거한 직분의 개혁이기도 하였습니다. 루터는 교회에서 집사의 위치를 성경이 말하는 바른 자리로 회복시키지 못하였습니다. 루터교회는 구제의 사역을 시민 정부에 맡기고 집사라는 이름은 큰 도시 교회의 담임 목사를 돕는 부목사에게 사용하였습니다. 이는 영국성공회처럼 오늘도 영어로 집사를 가리키는 디컨(deacon)이라는 명칭은 주임 목사를 돕는 목사를 언급합니다. 집사를 세워 구제 봉사를 맡긴 개혁자는 칼뱅이었습니다. 당시 칼뱅은 제 네바 교회에 두 종류의 집사를 도입하였습니다. 어떤 집사 는 물질적으로 가난한 사람들을 돌보고 다른 집사는 병자들 을 돌보았습니다. 그런데 차츰 가난한 자를 돕는 일만이 교 회 집사의 사명으로 교회 안에 정착이 되고, 병자를 돕는 일 은 기독교 사립기관에 맡겨지고 교회는 직접 혹은 간접으로 이를 돕게 되었습니다. 이제 오늘 우리 교회는 집사직을 충 실히 잘 감당하고 있는지를 돌아봅시다.

집사회가 꼭 필요할까요?

집사회가 있는 교회가 많지 않습니다. 그냥 목사와 장로, 권사가 모두 회원이 되어 참여하는 제직회가 있을 뿐입니 다. 또 집사회가 있는 교회를 보면 친목 단체이거나 당회를 견제하는 무슨 압력단체처럼 되기도 하였습니다. 이런 집 사회, 과연 필요할까요?「교회정치 문답조례」는 다음과 같 이 적극적으로 집사회를 규정하고 있습니다.

"집사는 개인적인 의무로 활동할 수 없고, 함께 모여 집사회 를 조직해야 한다. 집사회는 회장과 서기와 회계를 택해 그들의 임무를 규모있게 수행하며, 가난한 자를 찾고 병중에 있는 사람을 심방하고 낙심한 자를 어떻게 위로할 것인가를 결정한다. 집사회는 들어온 헌금과 사용한 헌금의 기록과 회계장부를 철저히 보관해야 하고 동의를 얻기 위해 당회에 적당한 때에 제출해야 한다."(「교회정치문답조례」제132문답)

여기서 본 것처럼 집사의 고유한 직무를 규모 있게 실행하기 위해서는 제직회에 그치지 말고 집사들만의 조직과 모임이 필요합니다. 치리회인 당회의 감독 아래 집사회를 허용해야 합니다. 아니 당회는 집사회가 본연의 고유한 직무를 잘할 수 있도록 독려할 필요가 있습니다. 만일 집사회가 당회의 감독을 받지 않거나 정당한 지도를 거부할 때는 권고할 수 있고 권고도 듣지 않으면 헌법이 정하는 규정을 따라 법적 조치와 해산을 명령하면 됩니다(예장고신 「교회정치」제157조 소속회와 소속기관). 이러한 집사회는 당회와 구별됩니다. 스위스 제네바교회는 원칙적으로 집사는 치리회의 회원이 될 수 없다고 하였습니다. 치리회는 교인의 영적 문제를 다루지만 집사는 물질의 문제를 가지고 교인을 봉사하는 직원이기 때문입니다. 이 영향으로 이후 개혁주의 진영의 교회정치에서 집사는 당회와 노회의 회원이 될 수 없도록 규정하고 있습니다. 그러나 「네덜란드 신앙고백서」(1561) 제30조는 당회에 목사와 장로뿐 아니라 집사를 포함하였습니다. 또 실제로 교회 역사에서 집사가 치리회의 회원이 된 적이 있기도 하였습니다. 16세기 후반 네덜란드 교회 몇몇 노회는 집사가 노회 총대로 참여한 적이 있습니다(예를 들면 1586년 6월 2일에 모인 북 홀란드 주 노회에서 장로 대신 집사가 참여하였습니다−할렘 시찰회에서). 또 네덜란드 신학자이면서 교회정치학자 푸치우스(G. Voetius, 1589−1676)는 직원 선출 및 목사 청빙 건과 관련해서 집사와 함께 모이는 당회를 개최할 것을 주장하였습니다. 네덜란드 기독개혁교회 신학교 교수를 지낸 판 트 스페이커(van 't Spijker)도 다음과 같이 주장하였습니다.

"집사를 당회에 포함하는 것은 성경과 신앙고백, 개혁가의 사상에 부합하는 것이며 고대 교회 전통과 개혁주의 전통을 따르는 것입니다."[*]

---

[*] van 't Spijker, "Historisch overzicht, diakonie, diakonaat, diaken, diakones"

집사가 당회 회원이 될 수 있다는 원리나, 역사적 전례는 모두 집사가 목사와 장로의 동역자라는 것을 보여줍니다. 따라서 집사가 비록 당회 회원은 될 수 없다 할지라도 제직회나 당회와 구별되는 집사회를 독자적으로 구성하여 집사들이 고유한 직무를 감당할 수 있도록 해야 합니다. 집사는 장로보다 못한 직원이 아니며 장로가 되기 위한 발판도 아니며 집사회는 친목 단체나 압력단체가 아닙니다.

권사는 누구입니까?

성경에 나오지 않는 직원인 권사, 한국교회에 있는 권사는 도대체 누구입니까? 권사는 어디서 유래되었으며 어떤 직무를 해야 합니까?

첫째, 1891년에 미국 북 장로교회 선교부에서 작성한 『북장로교 선교회 규범과 세칙』에서 권사의 유래를 찾을 수 있습니다. 권사는 본래 전도부인으로서 유급 여성 교역자였습니다. 위 규범과 세칙 B항은 현지 대리인(Native Agents)을

In: D. Koole and W.H Velema co-ed., Zichtbare liefde van Christus, (Kampen: Kok, 1991), 93.

다루는데 그중에 하나가 '전도부인'(Bible Woman)입니다. B 항 3조와 9조에서 목사, 장로, 집사만이 '성경에 규정되고 장로교회 정치형태에서 제시된 대로 정식 직원'이라고 하지만 이들 세 직원과 함께 전도부인도 열거합니다. 그런데 목사의 일을 돕는 남성 조사(助事)들이 행하는 사역과 유사한 일을 하며 특히 교회 여성을 위해 일하는 여성 사역자가 특히 장로회 선교 공의회(1893-190시대에 부상하는데, '전도부인' '권사'(exhorter) 혹은 '여조사'(woman helper) 등 이름으로 불렸습니다. 이들은 가르치는 일과 전도에 많은 시간을 보내었으며 교회에서 사례금을 받고서 선교사의 감독 아래 일하였습니다.[*] 이 여성 유급 교역자를 권사로 부른 것에서 권사 명칭이 유래되었습니다.

둘째, 이후 유급 여성 사역자를 전도사라는 직명으로 부르고 그 대신 교회에서 교회 봉사를 충성스럽게 잘 감당하며 지도력이 있는 여성 집사를 당회의 임명으로 세우는데 이들 직무에서 지금 권사의 직무가 비롯되었습니다. 1922

---

[*] 곽안련 저, 박용규 김춘섭 역, 『한국교회와 네비우스 선교정책』(서울: 대한기독교서회, 1994), 153.

제4장 집사와 권사, 서리집사와 권찰

년「조선예수교장로회 교회정치」제6장 제5조는 여성 집사 직무를 언급하는데 오늘날 권사의 직무에 해당합니다. 즉 '당회가 여성 집사를 선택하는 경우에는 그 직무는 환자, 수인자, 과부, 고아, 기타 환난당한 자를 위로하며 권고하되 하사든지 당회 감독하에 행하게 할 것이니라'고 하였습니다. 그런데 여성 집사 선거는 오늘날처럼 투표 방식으로 하지 않고 당회가 '진실하고 성결한 여인 중에서 자벽 선정'하였고 기도로 임직하고 안수식은 행하지 않았습니다(제13장 장로 집사 선거급 임직 제9조 여집사 선거).

셋째, 고신교회가 승동 측과 합동하면서 권사 제도가 제47회 총회(고신 제12회, 1962년 9월)에서 개정 공포되어 잠시 도입되었으나(만 50세 이상 되는 여자 성도 중에서)[*] 고신 교회가 환원(제13회 총회, 1963년 9월)하면서 무산된 적이 있었습니다. 권사 제도는 기존 여성 집사를 대신하는 것이었습니다. 그런데 제21회 총회(1971년 9월)는 헌법에 없는 권사를 세우는 일에 대해 단호하게 대처하였습니다. 이미 주어져 있는 명칭은 본 교회 내에서만 통용될 것이며 앞으로는 이

---

[*] 예장고신 총회회록(11-20회), 64.

러한 직분을 설치하는 교회에 대해서는 해 노회가 당회장을 문책하고 폐기조치를 지시하도록 하였습니다.[*]

넷째, 그러나 결국 제28회 총회(1978년 9월)는 교회정치 제15조 제3항에서 권사직을 신설하고 '여 신도중에서 만50세 이상 된 입교인으로 무흠 3년간 교회에 봉사하고 공동의회에서 투표하여 총 투표 수의 3분의 2 이상의 가표를 얻은 자로 하되 안수는 하지 아니한다'로 하였습니다. 이로써 예장 고신 교회에 권사직이 도입되어 지금에 이르렀고 처음에는 임시직원으로 시작하였으나 2011년 개정헌법부터는 준항존직원으로 불리게 되었습니다.

다섯째, 그렇다면 권사의 직무는 무엇일까요? 당회의 지도로 교인을 심방하는 일입니다. 권사가 이 일에 당회의 지도를 받는 것은 신령한 일을 감독하고 심방하며 교인을 권면하고 교훈하는 것이 본래 장로의 일이기 때문입니다. 따라서 권사는 심방할 권리가 있다 하여 당회의 지도를 받지 않고 '게으름을 익혀 집집으로 돌아다니고 게으를 뿐 아니라 쓸데없는 말을 하며 일을 만들며 마땅히 아니할 말'(딤전

---

[*] 예장고신 총회회록(제21회), 19–20.

5:13)을 삼가야 합니다. 특히 병자와 궁핍한 자, 환난 당한 자를 돌아보고 시험 중에 있는 자와 연약한 자를 위로하고 격려해야 합니다. 이 일은 본래 권사 제도가 도입되기 전 여성 집사에게 주어진 임무였습니다(조선예수교장로회 총회 1922년 「교회정치」 제13장 제5조 여집사). 즉 권사에게 주어진 직무는 사실상 집사의 직무입니다.[*] 즉 여성 집사는 가난한 자를 구제할 뿐 아니라, 병자와 궁핍한 자, 환난당한 자를 돌아보며 시험 중에 있는 자와 연약한 자를 위로하고 격려하는 일을 해야 했습니다. 때로는 집사의 아내들이 남편을 도와서 이 일을 조력하기도 하였습니다(딤전 3:11의 '여자들'은 집사의 아내들을 가리킵니다). 또 예수님 당시와 초대교회에 갈릴리의 많은 여성이 물질로 사도들을 섬긴 것처럼 비록 공적인 직원은 아니나 집사의 아내와 함께 조력하는 여성들이 많았습니다. 이런 맥락에서 미국 남장로회는 조례에서, '만약 필요하다면 교회 당회가 경건한 여인들을 지명하여 병중에 있는 자나 죄수들, 가난한 과부나 고아나 일반적으로 낙심해 있는 자들을 돌보게 할 수 있다'고 하였습니다(「교회정치 문

---

[*] de Gier, De Dordse Kerkorde(Houten, 1989), 142.

답조례」제124문답). 따라서 한국교회에서 교회직원으로서 권사의 직무는 여성이 상당수를 차지하고 있는 한국교회 현실에서 본래 장로의 직무와 집사의 직무를 부분적으로 취합한 것입니다. 따라서 권사라는 말이 성경에 나오지 않는다고 하여 권사를 없애야 한다는 주장은 설득력이 없습니다. 그러나 권사 직분이 생성된 배경을 잘 살펴보며 주어진 고유 직무에 충실해야 합니다.

임시직원(전도사와 서리집사)과 권찰에 대해

임시직원에 전도사와 서리집사가 있습니다. 이들은 어디에서 유래되었을까요? 또 권찰은 어떤 일을 하는 것일까요?

첫째, 고린도전서 12장에 보면 목사 장로 집사 삼직 외에 여러 가지 은사들이 나오는데 여기에 근거하여 삼직을 돕는다는 뜻에서 교회가 임시직원을 두게 되었습니다. 즉 전도사, 남녀 서리 집사가 여기에 속합니다. 여기서 '임시'라는 말은 항존직원을 돕는다는 뜻에서 부쳐진 것입니다.

둘째, 한국교회에서 지금은 사라진 '영수'와 함께 '서리집사' '조사'(전도사) 등의 임시직원은 교회정치 규정보다 교회 현장에서 먼저 나타나고 있었습니다. 장로교 선교 공의회(1893-1900) 시대 선교사들은 네비우스 선교정책을 따라서 세계 장로교회들이 가지고 있는 목사 장로 집사 이 세 직원을 한국의 신자들이 종신토록 떠맡을 만큼 아직 충분한 성숙을 이루지 못하였다고 판단하고 일찍부터 서리 목사(조사)와 서리 장로(영수), 서리 집사(집사) 제도를 채택하였습니다. 서리 목사란 안수를 받지 않은 유급 사역자로서 '조사'(전도사)라 불립니다. 이들은 성례 집행을 제외하고 목사가 하는 모든 일을 모두 합니다. 서리 장로는 '영수'라 불리며 장로들이 하는 일을 모두 하지만 안수는 받지 못한 자들입니다. 그리고 서리 집사는 안수를 받지 않고 교회의 온갖 구제 사업과 재정 업무를 주관하였습니다.[*]

1900년 통계를 보면 세례교인 3710명(총 교인 9364명) 일 때 장로 2명, 남자 조사 28명, 남자 설교자 15명, 여자 설교자가 8명이었습니다. 또한 남성 조사들이 행하는 사역과 유사한 종류의 일을 하는 여성 사역자가 이 기간에 부상하였습니다. 그들은 '전도부인' '권사'(exhorter) 혹은 '여조

---

[*] 곽안련, 한국교회와 네비우스 선교정책, 347.

사'(woman helper) 등 여러 가지 이름으로 불렸습니다. 이후에 여성 사역자를 전도사라는 직명으로 부르고 그 대신에 교회에서 교회봉사를 충성스럽게 잘 감당하며, 지도력이 있는 여 집사 중에서 여성 교역자를 대신하여 봉사할 수 있는 직임을 맡기기 위해 당회에서 임명한 자를 '권사'라고 칭하게 되었습니다.[*]

이 같이 교회정치라는 규정보다 선교현장에서 현장의 필요로 인해 등장한 서리 집사와 여성 유급 전도사(전도부인, 권사)는 비록 임시직원이지만 교회를 위해 헌신적으로 일하였습니다. 특히 여성 교역자인 전도사는 여성이 많은 한국교회에서 항존직원인 목사를 도와 여성 교인을 영적으로 돕는 큰일을 하였습니다. 그러나 이들이 임시직원이라 하여 마치 '비정규직'으로 취급을 받는 것은 온당한 일이 아닙니다. '임시목사'가 '전임목사'로 변경된 것처럼 교회에서 전임 사역을 하는 여성 교역자의 지위가 분명히 향상되어야 합니다.

셋째, 서리집사가 교회정치 규정에 나타난 것은 1922년

---

* 임택진, 『장로회 정치 해설』(서울: 한국장로교출판사, 2002), 165.

125
제4장 집사와 권사, 서리집사와 권찰

교회정치입니다. 제6장 장립집사 제4조 제직회(집사회의 대변)를 보면 다음 내용이 나옵니다.

> "지교회의 전 당회와 집사 등이 합하야 제직회를 조직할 수 있으니, 회장은 목사가 겸하고 서기 회계를 선정하고 왕왕 회집하나니, [단 당분간은]* 당회가 각기 형편에 의하야 제직회 사무를 처리하기 위하야 선정한 서리집사와 조사 영수의게 제직회원의 권리를 줄 수 있나니라. 미조직교회에서난 목사 조사 영수 서리집사 등이 해 제직회의 사무를 임시로 집행하나니라…"

'당분간' 집사의 서리로 세워진 서리집사는 100년이 훨씬 지난 지금 한국장로교회 안에 깊이 뿌리를 내렸습니다. 현재 서리집사의 자격은 세례교인 2년이 지난 교인으로 선임하여 집사의 직무를 하게 하는 자로서 임기는 1년이며 25세 이상 70세 미만이 되어야 한다고 규정하고 있습니다. 허순길 교수는 네비우스 선교정책에 따라 한국교회 안에 세워진

---

* 1930년 판은 이 문구를 삭제.

어떤 직책은 부정적으로는 사역자의 자질 향상을 제도적으로 제한하는 결과를 가져오게 되었다고 할 수 있지만 그러나 자급자치의 원리 아래 교회의 서양화를 방지하고 한국토착교회로서의 건전한 발전을 기한 것은 매우 긍정적인 것이었다고 평가하였습니다.[*]

넷째, 권찰은 조선예수교장로회 공의회(1901-1906) 시대에 도입되었습니다. 이때는 전도에서 괄목할만한 성장을 이룩한 시기였습니다. 1901년에 세례교인이 5,118명이던 것이 1906년에는 14,353명으로 증가하였고 199개 처소는 546개로 불어났으며 1906년 신자 총수는 27,407명이었습니다. 이 시기에 한국교회에 등장한 것이 권찰 제도입니다. 이는 소위 '열 사람의 지도자'조직이었습니다. 이는 평양에서 처음 시작된 안으로써 마펫 박사가 다음과 같이 말하였습니다.

"이에 관한 착상은 와나메이커(Wanamaker)씨의 유명한 필라델피아 주일학교에서 얻었다. 교회의 모든 교인은 남녀가 개별적인 그룹을 형성한 채 10명 단위로 나누어진다. 그리고 교

---

[*] 허순길, 한국장로교회사(서울: 영문출판사, 2008), 95.

제4장 집사와 권사, 서리집사와 권찰

회의 하급 지도자들에게 권찰이라는 이름을 부여해서 그들을 담당하게 한다. 권찰은 자기에게 할당된 자들의 영적 유익에 관한 모든 일을 파악하고 감독한다. 권찰은 권면하고 가르치고 격려하고 위로하는 일을 하며 자신의 사역에 대해 장로나 목사 혹은 교회의 기타 상급 직분자에게 보고한다. 또한 권찰들의 월례회도 개최한다. 옛날부터 열 가옥 단위로 묶어진 각 집단의 대표자에 의해 마을 치안을 유지하는 길드 제도가 있었으므로 한국인들은 이러한 관념에 익숙해 있었다. 그러므로 그들은 이런 제도를 더 쉽게 수용할 수 있었을 것이다."

그래서 권찰 조직은 한국교회에 도입되어 복음 전도의 매개체가 될 뿐 아니라 부수적인 효과로 새로운 영수와 장로감을 끊임없이 만들어 내는 하나의 양성소 역할을 하였습니다.[*] 윤은수는 논문에서 초창기 한국 장로교회에서 시찰회와 함께 권찰 제도가 교회 권징 기능을 담당한 것으로 보고 이를 긍정적으로 평가하였습니다.[**] 현재 「교회정치」 제

---

[*] 곽안련, 『한국교회와 네비우스 선교정책』, 180–181.
[**] 윤은수, "초기한국장로교회의 권징에 대한 이해,"(황재범 외 공저, 초기 한국 장로교회의 성립과정 및 신학, 서울: 한들출판사, 2010), 119–144.

95조를 보면 당회나 목사가 무흠 2년 이상 된 세례교인 중에서 신앙이 독실한 자를 권찰로 세워 교인 심방하는 일을 맡길 수 있으며, 임기는 1년이고 집사 중에서 겸무하게 할 수 있다고 하였습니다.

Q. 우리 교회에서 집사가 얼마나 본래 직무를 제대로 하는지를 말해 봅시다.

Q. 집사회가 있어야 필요성에 대해 서로 토론해 봅시다.

Q. 성경적 원리와 역사적 배경에서 생긴 권사가 얼마나 직무에 충실한지를 서로 말해 봅시다.

Q. 서리집사와 권찰이 지금도 교회에 필요한가를 서로 말해 봅시다.

나가며

장로회 정치체제는 성경에서 가장 가깝고 가장 민주적인 정치체제라 할 수 있습니다. 그런데 오늘날 자신이 장로교회 교인이라는 정체성은 물론 자부심을 가지는 경우를 찾아보기 힘듭니다. 장로교회라 할 때는 당연히 신앙고백과 교리에서 바른 교훈을 가질 뿐 아니라 예배의 질서와 교회 생활에서 장로회 정치원리를 따르는 교회를 가리킵니다.

더구나 다양성의 시대, 종교 다원화 시대에 우리의 정체성을 바르게 알고 이를 확고히 하는 것은 아주 중요합니다.

지금까지 그냥 당연하게 생각해 온 우리의 교회 정치체제, 이 정치체체를 이끌어갈 교회직원, 이들에게 위임하신 신령한 권한, 또 이러한 권한을 가진 직원을 공동의회를 통해 선출하는 것이 하나님의 부르심이며, 여기서 임직이 중요하다는 것을 하나하나 생각하였습니다.

항존직원인 목사 장로 집사뿐 아니라 준항존직원인 권사, 준직원인 목사후보생과 강도사, 항존직원을 돕는 서리 집사와 전도사, 그리고 마지막에 권찰을 살펴보았습니다. 이들은 모두 교회에 있어야 할 중요한 직무 때문에 생긴 직분이요 직책입니다. 다시 한번 그리스도께서 왜 이 직원을 주셨는지를 생각하는 계기가 되기를 바랍니다.

특히 장로와 집사가 교회에서 제대로 평가받지 못하고 왜곡되고 변질하여 부패에 이르게 되었는지, 그러나 주님의 긍휼로 어떻게 다시 회복되었는지도 살폈습니다. 이는 우리에게 중요한 교훈을 줍니다.

장로의 '윤번 시무 규례'는 이 시대에 교회가 깊이 생각해 볼 주제라고 생각합니다. 성경에서 명확하게 시무 기한을 말하지 않고 있을 뿐 아니라 역사적으로도 임기제 혹은 윤번 시무 규례가 더 선호되었지만, 유독 한국장로교회에서만 만 70세 정년 시무가 고착되어 있습니다. 이 제도는 교회에서 수많은 장로의 희생과 수고를 강요했을 뿐 아니라, 또 교회 내에 잠재해 있는 수많은 은사와 능력 가진 자를 간과하고, 직원이 교회 위에 군림하는 폐해를 가져왔습니다.

이제 교회에서 교회직원의 영광을 다시 회복할 때입니다.

참고문헌

곽안련 저, 박용규 김춘섭 역, 『한국교회와 네비우스 선교정책』, 서울: 대한기독교서회, 1994. C.A. Clark, The Korean Church and the Nevius Methods of Korea(New York, Chicago: Flemmiing H. Revell, 1930).

예장 고신 『총회회록』, 제11-20회, 제21회.

박용권, 『국가주의에 굴복한 1930년대 조선예수교장로회의 역사』, 서울: 그리심, 2008.

임택진, 『장로회 정치 해설』, 서울: 한국장로교 출판사, 2002.

허순길, 『한국장로교회사』, 서울: 도서출판 영문, 2008.

황재범 외 공저, 『초기 한국 장로교회의 성립과정 및 신학』, 서울: 한들출판사, 2010.

H. Bouwman, *Gereformeerd Kerkrecht I*, Kampen: Kok, 1928.

K., de Gier, De Dordtse kerkorde. Een praktische verklaring, Houten, 1989.

Charles Hodge, *The Church and Its Polity*, London/Edinburgh/New York: Thomas Nelson and Sons, Paternoster Row, 1879.

J. Aspinwall Hodge, *What is Presbyterian Law as defined by The Church Courts*, Philadelphia: Presbyterian Board of Publication and Sabbath School Work, 1886 revised 5th)(곽안련 역, 「교회정치문답조례」, 경성: 야소교서회, 1917/배광식 외 역, 「교회정치문답조례」, 서울: 대한예수교장로회총회, 2011).

Soon Gil Huh, *Presbyter in volle rechten*(Diss.), Groningen, 1972.

D. Koole and W.H Velema co-ed., *Zichtbare liefde van Christus*, Kampen: Kok, 1991.